Mitología griega para adolescentes

Cuentos y mitos apasionantes de la antigua Grecia

© Copyright 2025

Todos los derechos reservados. Ninguna parte de este libro puede ser reproducida de ninguna forma sin el permiso escrito del autor. Los revisores pueden citar breves pasajes en las reseñas.

Descargo de responsabilidad: Ninguna parte de esta publicación puede ser reproducida o transmitida de ninguna forma o por ningún medio, mecánico o electrónico, incluyendo fotocopias o grabaciones, o por ningún sistema de almacenamiento y recuperación de información, o transmitida por correo electrónico sin permiso escrito del editor.

Si bien se ha hecho todo lo posible por verificar la información proporcionada en esta publicación, ni el autor ni el editor asumen responsabilidad alguna por los errores, omisiones o interpretaciones contrarias al tema aquí tratado.

Este libro es solo para fines de entretenimiento. Las opiniones expresadas son únicamente las del autor y no deben tomarse como instrucciones u órdenes de expertos. El lector es responsable de sus propias acciones.

La adhesión a todas las leyes y regulaciones aplicables, incluyendo las leyes internacionales, federales, estatales y locales que rigen la concesión de licencias profesionales, las prácticas comerciales, la publicidad y todos los demás aspectos de la realización de negocios en los EE. UU., Canadá, Reino Unido o cualquier otra jurisdicción es responsabilidad exclusiva del comprador o del lector.

Ni el autor ni el editor asumen responsabilidad alguna en nombre del comprador o lector de estos materiales. Cualquier desaire percibido de cualquier individuo u organización es puramente involuntario.

Índice

INTRODUCCIÓN 1
CAPÍTULO 1: EL NACIMIENTO DEL COSMOS Y LAS GUERRAS POSTERIORES 6
CAPÍTULO 2: TESEO Y EL MINOTAURO 15
CAPÍTULO 3: PERSEO..25
CAPÍTULO 4: LOS DOCE TRABAJOS DE HERACLES 42
CAPÍTULO 5: JASÓN Y LOS ARGONAUTAS 64
CAPÍTULO 6: CASA DE ATREO 94
CONCLUSIÓN 113
CLAVE DE RESPUESTAS 114
VEA MÁS LIBROS ESCRITOS POR ENTHRALLING HISTORY 118
REFERENCIAS 119
FUENTES DE IMAGENES 120

Introducción

Acerca de la sociedad y la mitología de la Antigua Grecia

Los mitos griegos han cautivado nuestra imaginación durante milenios. A pesar de estar ambientados miles de años atrás y de estar protagonizados por seres divinos y monstruos místicos, estos relatos siguen resultando familiares. Esto se debe a que los mitos se utilizaban para explicar lo inexplicable. Los antiguos utilizaban los mitos para explicar por qué cambiaban las estaciones o por qué entraban en erupción los volcanes. Los mitos también explican por qué nos enamoramos de aquellos con los que no podemos estar o por qué lloramos a los muertos.

Dicho esto, los mitos también están arraigados en su lugar y cultura de origen. Para apreciar mejor estas increíbles historias, es útil saber más sobre la sociedad que las vio nacer.

Empecemos por el principio.

Los que hoy llamamos "antiguos griegos" eran conocidos en su época como los helenos. Su nación, Hellas, se extendía mucho más allá de las fronteras de la actual Grecia moderna. Vivían en todo el Mediterráneo, con ciudades que se extendían desde Turquía hasta España.[1] Así que, aunque entendemos que formaban parte del mismo pueblo y compartían muchas similitudes culturales, había muchas diferencias regionales en sus sistemas de creencias, sus leyes cívicas y sus

---

[1] (John, McNab y Sullivan 2013)

tradiciones.

Sin embargo, es importante recordar que nuestro conocimiento de los antiguos griegos es increíblemente imperfecto. Uniendo las pruebas encontradas en yacimientos arqueológicos, manuscritos y mitos, podemos hacer conjeturas educativas sobre su mundo. Pero esas conjeturas no son más que eso: conjeturas. Gran parte de los conocimientos sobre aquella época se han perdido para siempre por olvido, extravío o destrucción intencionada. Esos conocimientos perdidos no pueden recuperarse, lo que significa que al rompecabezas que intentamos crear le faltarán para siempre piezas cruciales. [2]

También debemos tener en cuenta nuestras fuentes. Hasta hace muy poco, los académicos tenían diferentes criterios sobre lo que significaba registrar algo con precisión. No era raro que los eruditos elaborasen relatos o teorías a partir de muy pocas pruebas. Así es como muchas ideas erróneas e informaciones falsas sobre el pasado se transmiten y siguen perdurando incluso cuando se demuestra que son erróneas. Por esta razón, debemos recordar que existe una alta posibilidad de que los mitos que conocemos hoy en día sean muy diferentes de los mitos que conocían los antiguos griegos.

Aparte de todo esto, por lo que sabemos, parece que los conocimientos geográficos de los antiguos griegos se centraban en el Mediterráneo. Esto se refleja claramente en su mitología, ya que vemos héroes que viajan desde Grecia hasta el norte de África, Turquía e Italia. Al principio, los griegos incluso creían que el monte Olimpo, sede de sus dioses, era el centro del mundo. [3]

Dividieron su historia en cinco épocas distintas, cada una de ellas progresivamente peor que la anterior. Estas cinco épocas fueron:

- La Edad de Oro
- La Edad de Plata
- La Edad de Bronce
- La Edad Heroica
- La Edad de Hierro

---

[2] (Illes 2009)

[3] (Bulfinch 2013)

Salvo el mito de la creación del capítulo 1, todos los mitos de este libro suelen corresponder a la Edad Heroica. Se cree que fueron registrados y popularizados por primera vez durante la Edad de Hierro.

Esta división del tiempo puede ser un reflejo de la historia griega antigua. Los historiadores actuales han dividido su línea temporal en los siguientes periodos:

- Antigua Grecia (3000 a. C.)
- Grecia micénica (de 1400 a 1150 a. C.)
- Edad Media griega (de 1100 a 700 a. C.)
- Grecia Arcaica (700 a 450 a. C.)
- Grecia clásica (510 a 323 a. C.)

La mayoría de los estudiosos coinciden en que la Grecia micénica corresponde aproximadamente a la Edad Heroica y que los grandes mitos de la época podrían haberse basado en hechos reales. Es discutible si Aquiles, Helena de Troya y el famoso Caballo de Troya existieron realmente. Sin embargo, los historiadores *sí* saben que Troya fue una ciudad real y creen que la Guerra de Troya fue un conflicto real. Los antiguos griegos no separaban la historia de la fantasía y preferían entrelazar realidad y ficción para crear relatos convincentes sobre su pueblo, sus ciudades y su cultura.[4]

Acerca de este libro

Comenzaremos este libro con el antiguo mito griego del origen, desde la creación del universo hasta el ascenso al poder de los olímpicos. Después, exploraremos el relato más famoso de cuatro célebres héroes griegos: Teseo, Perseo, Heracles y Jasón. Finalmente, nuestra última historia será la de la famosa Casa de Atreo.

Seleccionar qué mitos incluir en este libro fue un proceso difícil. Para reducir nuestra lista, nos hemos centrado en historias sobre héroes mortales o semidioses. Disfrutarás con las historias heroicas de aventuras y conflictos oscuros. Si estos mitos le parecen interesantes, le recomendamos encarecidamente que busque otros. Los demás mitos son igual de fascinantes; simplemente tuvimos que excluir algunos porque teníamos poco espacio para trabajar y queríamos que nuestras historias tuvieran temas comunes que las unieran.

---

[4] (John, McNab y Sullivan 2013).

Te pedimos que recuerdes que estos mitos tienen muchas variantes. Cada vez que alguien decide contar estas historias, está tomando una decisión editorial sobre la versión que incluirá. En la medida de lo posible, hemos intentado incluir información sobre estas diferencias sin arruinar la experiencia de lectura.

Advertencia sobre el contenido

Por último, antes de empezar, hay que tener en cuenta una nota final muy importante.

Este libro no es un recuento de la mitología griega. No pretendemos recontextualizar estas historias como lo haría un novelista, ni examinarlas a través de una lente académica como un erudito. Simplemente contamos las historias tal y como eran. Sin embargo, sería irresponsable por nuestra parte no reconocer que muchos de estos relatos contienen elementos que resultan problemáticos para un público moderno o que pueden incluso ofender a determinados lectores.

Muchos dioses mantenían relaciones sexuales con mujeres mediante el engaño. Por ejemplo, se disfrazaban de sus maridos y mantenían relaciones sexuales con ellas. En aquella época, estas acciones probablemente no serían vistas con tanta severidad. Hoy en día, entenderíamos que estos dioses cometieron una violación. Eso no quiere decir que excusemos sus acciones alegando que eran otros tiempos. Independientemente de si se consideraba socialmente aceptable o no, estas acciones habrían estado tan mal entonces como lo están ahora. Sin embargo, comprender que no se consideraban violaciones desde una perspectiva *cultural* nos ayuda a entender por qué ciertos personajes que parecen malvados no son castigados por sus malas acciones.

También es importante señalar que en estos mitos, un "héroe" no es necesariamente una "buena persona". Esto no se debe únicamente a los cambiantes valores morales que hemos especificado antes, sino a que los antiguos griegos preferían que sus héroes tuvieran defectos. A veces, realizaban acciones despreciables y se enfrentaban a las consecuencias de sus errores.

Te pedimos que tengas en cuenta las diferencias culturales y cómo pudieron influir en las acciones de estos héroes. Aunque pueda parecer una tontería enfurecerse con alguien por no acoger adecuadamente a alguien en su casa, la hospitalidad se consideraba sagrada para los antiguos griegos. No honrar como es debido al huésped o al anfitrión estaba penado por la ley. Además, mientras que las historias de hoy en día predican que la venganza nunca es la respuesta, en la época en que tuvieron lugar estas historias, la venganza se consideraba un deber moral. No vengarse de alguien que te había hecho daño se consideraba vergonzoso.

Hemos optado por contar estas historias manteniéndonos lo más fieles posible al mito, pero también debemos reconocer la presencia de estos temas y por qué algunos lectores pueden sentirse incómodos con ellos.

Capítulo 1: El nacimiento del cosmos y las guerras posteriores

Al principio de los tiempos, el Caos gobernaba el universo. No había nada fuera de él, nada más allá de él. Vacía pero vasta, esta fuerza insondable es el origen de todo lo que conocemos, de todo lo que ha existido y de todo lo que existirá.

Pero entonces, surgieron dos niños: *Erebus*, la oscuridad, y *Nyx*, la noche. Juntos, la oscuridad y la noche crearon la luminosidad y el día, el *Éter* y la *Hemera*. Estos dos trajeron la luz a la existencia, estableciendo el principio del tiempo.

Nix tuvo muchos hijos. Según algunos, los creó ella misma, y surgieron de ella igual que Nix y Erebus surgieron del Caos. Estaban los gemelos, *Thanatos*, la muerte pacífica, e *Hypnos*, el sueño. Aunque ambos vivían en el inframundo, se decía que Hipnos residía en una cueva llena de amapolas junto al río Leteo (el río del olvido). Se decía que Tánatos era odiado por la gente, y que por tanto él también los odiaba. En el inframundo, las moiras — las tres parcas (Cloto, Láquesis y Átropos) — hilaban y tejían los hilos del destino. Sus poderes eran superiores a los de todos los demás dioses. También estaban Caronte, el barquero; las keres, espíritus de la muerte; Momus, o la culpa; y Geras, que era la vejez. Estaba Eris, que era la lucha, y Némesis, que era la retribución. Y había muchos, muchos otros.

Luego vino Gea, la madre tierra y la madre de toda la vida. Y con ella llegó el Tártaro, un ser que era a la vez una deidad y un abismo de castigo y sufrimiento eternos. Al igual que Nix tuvo muchos hijos, Gea también engendró vástagos que ayudarían a dar forma al cosmos. Urano, el cielo, fue uno de tantos.

En aquellos tiempos, las relaciones estaban mal definidas. Los lazos familiares que unen a las deidades no son comparables a los que compartimos los humanos. La tierra y el cielo eran madre e hijo, pero también amantes. De su unión nacieron doce nuevas deidades, y estos hijos fueron conocidos como los titanes.

Los seis hijos varones se llamaban Océano, Crío, Hiperión, Ceo, Jápeto y Cronos. Las seis hijas se llamaban Tea, Mnemosine, Febe, Temis, Tetis y Rea.

Gea y Urano eran felices y sus hijos prosperaban. Pero las cosas cambiaron y el amor que compartían se transformó en odio. Según cuenta la historia, después de los Titanes, Gea dio a luz a tres seres monstruosos conocidos como los Hecatónquiros. Eran gigantes que tenían cincuenta cabezas diferentes y cien brazos distintos.

Algunos dicen que cuando Urano vio a estas tres horribles criaturas, se sintió tan asqueado que las devolvió al vientre de Gea, causándole un dolor indescriptible. Otros dicen que encerró a los Hecatónquiros en el Tártaro, rompiendo el corazón de la pobre Gea. Independientemente de la versión de la historia que creas, el resultado sigue siendo el mismo. Al rechazar a los Hecatónquiros, Urano hirió a Gea. Y ella le odió.

"Pagará por lo que ha hecho", susurró Gea para sí misma. "Se arrepentirá de haber lastimado a mis hijos".

Y así, Gea acudió a sus otros hijos, los Titanes, y buscó quién estaría dispuesto a enfrentarse a su padre.

Sólo Cronos, el más joven de los Titanes, respondió a la llamada de su madre.

"A cambio de tu ayuda, podrás gobernar en su lugar", le prometió Gea.

"Gracias, Madre", dijo Cronos. "Te haré sentir orgullosa".

Juntos idearon un plan. Gea le dio a su hijo una hoz hecha de una gran piedra y le dijo que se escondiera. Cuando Urano apareció, lo distrajo mediante la seducción. Urano estaba tan concentrado en la mujer que tenía en sus brazos que no oyó a Cronos acercarse sigilosamente por detrás. No se dio cuenta de lo que ocurría hasta que sintió una fuerte puñalada en el hombro.

Gea dio un paso atrás, con una sonrisa en los labios. Vio cómo Cronos derribaba a su padre. Finalmente, cuando la victoria estaba casi asegurada, Cronos llevó la hoz a los genitales de Urano y lo castró.

Urano gritó, y Cronos reinó victorioso. Justo cuando el nuevo gobernante estaba a punto de desterrar a su padre a las profundidades del Tártaro, la deidad caída habló.

"Recuerda mis palabras, hijo. Igual que me has atacado a mí, tu hijo te atacará a ti. Así como me has derrocado, tu hijo te derrocará. Así como me desterraste y encarcelaste, tu hijo te desterrará y te encarcelará".

Cronos sólo se burló de su padre y lo despidió.

De la sangre de Urano que empapó el suelo, se crearon las tres Erinias o las Furias: Alecto, Megara y Tisífone. Los genitales de Urano fueron arrojados al océano. Se dice que, al mezclarse con la espuma del mar, crearon a Afrodita, la diosa del amor y la belleza. Los hecatónquiros fueron liberados, aunque sólo temporalmente.

Y así, comenzó la Edad de Oro. Cronos tomó como esposa a Rea, su hermana. Prometeo, hijo de Jápeto, creó a los humanos a partir de la arcilla. Fue una época de armonía y felicidad, en la que la humanidad y los dioses convivían.

Pero como ya habrás aprendido, las cosas siempre cambian. La paz casi nunca dura.

Después de años y años, Rea por fin se quedó embarazada de un niño. La felicidad floreció en su interior, pues estaba ansiosa por convertirse en madre y tener un hijo al que amar. Pero la maldición de Urano resonaba en la cabeza de Cronos, y la paranoia empezó a apoderarse de él.

Finalmente, llegó el momento del nacimiento. Se llamaba Hestia y sería la diosa del hogar, de la paz doméstica, del hogar y de la familia. Tendría el temperamento más dulce de todos los dioses. Era una pacificadora hasta la médula, una chica amable que siempre cuidaría de su familia.

Rea adoraba a su niña cuando la tenía en brazos. Era su primera hija, y Rea pensaba que sería una hermana y una diosa maravillosa para la humanidad.

Pero Cronos no podía dejar vivir a Hestia. La arrebató de los brazos de Rea y devoró a la niña, ignorando sus gritos.

"¿Qué has hecho?" exigió Rea, llorando. Sentía los brazos vacíos sin su hija.

"No permitiré que ningún niño amenace mi gobierno", dijo Cronos. "No necesitas ningún niño".

Cronos llevándose a uno de sus hijos

Y tal vez eso habría sido el final de las cosas. Pero Rea se quedó embarazada de nuevo. Tuvo otra niña, Deméter, que se convirtió en la diosa de la cosecha y los cultivos. Deméter era humilde y buena. Se convertiría en compasiva, emocional, cariñosa y adorada.

Rea intentó defenderse, pero, una vez más, Cronos le arrebató a la niña de los brazos y se la comió entera. Rea no estaba segura de cómo podría soportar tanto dolor.

Volvió a quedarse embarazada de otra niña. Hera era la diosa del matrimonio y de las mujeres casadas. De carácter fuerte, tenía el temperamento de una reina y nunca dejaba impunes las malas acciones.

"¡Por favor, no mi pequeña Hera!" gritó Rea. "¡Ella no te hará daño! Prometo mantenerla lejos de ti".

Pero Cronos no quiso escuchar. Y una vez más, se comió a su hija, sin mostrar piedad.

Cuando Rea volvió a quedarse embarazada, dio a luz a un varón. Hades era su nombre, y se convertiría en el rey de los muertos y el dios del inframundo. Ya de niño, Hades era melancólico y serio, pero no malvado ni cruel. Era querido por su madre, pero eso no bastaría para salvarlo.

Después vino otro niño. Poseidón era su nombre, y sería el dios de los mares y las tormentas. Podía estar tranquilo en un momento y gritar al siguiente. Poseidón tenía el tipo de temperamento que uno no podía ignorar, ya que había nacido para gobernar sobre las olas del océano. Cronos tampoco tuvo piedad de él.

Cuando Rea se quedó embarazada por sexta vez, supo que no podría soportar la pérdida de otro hijo. No podía volver a pasar por ese dolor. Por eso, cuando nació su sexto hijo, otro varón, no lo cogió en brazos como hizo con sus hermanos mayores. Lo escondió inmediatamente. Entonces tomó una piedra con forma de frijol y la envolvió en sábanas y mantas.

Cronos marchó hacia ella. Le quitó la piedra de los brazos, creyendo que era su sexto hijo. Rea gritó y suplicó igual que antes, aunque sabía que su verdadero hijo estaba a salvo. Sin mirar lo que tenía en la mano, Cronos se tragó la roca, creyendo que se había comido a otro de sus hijos.

Friso pintado de Rea entregando la roca a Cronos. Pintado por Karl Friedrich Schinkel [1]

Cuando Cronos se marchó, Rea corrió hacia donde había escondido a su bebé. Se llamaba Zeus y sería el dios del cielo y del trueno. Con la única excepción de las tres Parcas, ningún ser sería jamás tan poderoso como él, y un día gobernaría a todas las criaturas vivientes y a los dioses.

Pero en este punto de nuestra historia, era sólo un bebé. Aunque Rea habría dado cualquier cosa por mantener a su único hijo sobreviviente con ella, sabía que no sería seguro para Zeus. Así que corrió hacia su madre, rogándole ayuda.

"¡Por favor! Oh, por favor, madre. Encuentra una manera de proteger a Zeus", gritó Rea. "Tú sabes lo que es que tu esposo lastime a tus hijos. No dejes que Cronos se lo lleve".

Gea escuchó las súplicas de su hija y accedió a ayudarla. Le ordenó que llevara a Zeus al monte Ida, en Creta.

Rea hizo lo que su madre le ordenó, despidiéndose de su pequeño antes de volver al lado de su cruel marido. No tuvo más hijos después de Zeus, y nunca le dijo a Cronos que su último hijo seguía vivo.

En el monte Ida, Zeus estaba rodeado de ninfas tiernas y cariñosas, deidades femeninas de la naturaleza que solían estar ancladas en lugares concretos. Se decía que Amaltea era su principal madre adoptiva. Algunos afirman que adoptó la forma de una mujer humana, mientras que otros afirman que adoptó la forma de una cabra sagrada que amamantó a Zeus. Adamathea era una ninfa que ayudó a criarlo. Y cuando Zeus creció, Metis, hija de Tetis, se convirtió en su maestra.

Durante la juventud de Zeus, Rea venía a visitarlo siempre que podía. El joven dios siempre recibía a su madre con los brazos abiertos y una sonrisa, ansioso por escuchar sus historias. Fue a través de estas historias que Zeus aprendió sobre sus hermanos mayores y por qué su padre se los había comido tan cruelmente.

"Soy yo. Soy de quien Urano advirtió a Cronos", pensó Zeus. "Y tenía razón. Por lo que ha hecho a mis hermanos, lo derrocaré y lo desterraré a las profundidades del Tártaro y gobernaré en su lugar".

Finalmente, llegó el momento de que Zeus se vengara. Con la ayuda de su madre, se disfrazó de copero de Cronos y se infiltró en el monte Otris.

La primera vez que Zeus vio a su padre, su corazón se llenó de ira. Zeus quería atacar en ese momento, pero sabía que debía esperar su momento. No sería capaz de derrocar a Cronos por sí mismo.

Cronos no reconoció a Zeus como suyo y apenas prestó atención al joven dios. Esto dio a Zeus la oportunidad de introducir una poción especial en la copa de su padre, una hecha de mostaza y vino. El brebaje se lo dio Metis.

"Esta poción no matará a Cronos. Eso es algo que debes hacer tú mismo", dijo Metis. "Pero esto te permitirá cumplir tu objetivo, y te dará tiempo suficiente para huir a un lugar seguro y reunir tus fuerzas".

Y así, después de que Zeus se hubiera establecido en el monte Otris, esperó el momento oportuno. Cronos y Rea estaban solos mientras cenaban, y Zeus se situó detrás de su padre, esperando. Cuando Rea le hizo un leve gesto con la cabeza, Zeus se acercó a Cronos.

"¿Más vino, mi señor?".

"Sí", dijo Cronos sin siquiera mirar al joven copero. "Llena mi copa. Ese es tu trabajo, ¿no?".

Zeus vertió el brebaje de Metis en la taza. Contuvo la respiración mientras observaba a su padre beberlo. Durante unos instantes, no ocurrió nada, y el pavor invadió a Zeus mientras se preguntaba si él y su madre habían sido traicionados por su amiga.

Pero entonces, Cronos empezó a tener arcadas. Se levantó de su silla, sintiéndose más enfermo que nunca. Rea y Zeus lo observaban expectantes. Cronos tuvo arcadas de nuevo, luego otra vez. Luego, finalmente, vomitó.

Poseidón fue el primero en salir, seguido de Hades. Luego vinieron las chicas: Hera, Deméter y Hestia. Las cinco eran ya adultas y miraban asombradas a su hermano pequeño, que también se había convertido en su hermano mayor.

"No tenemos tiempo para celebraciones", dijo Zeus. Señaló a Cronos, que estaba inconsciente. "Debemos irnos antes de que despierte. Entonces debemos prepararnos para la guerra".

"Te seguiremos, hermano", dijeron los cinco dioses. "Guíanos".

Los seis dioses y Rea huyeron del monte Otris antes de que Cronos despertara. Hicieron del monte Olimpo su nuevo hogar, y pasaron a ser conocidos como los Olímpicos.

Para la guerra que se avecinaba, los olímpicos reclutaron tantos aliados como pudieron. Consiguieron la ayuda de los cíclopes, que no sentían ningún amor por Cronos, y de Afrodita, que residía en Chipre y a la que habían prometido un trono en el Olimpo. Los tres hecatónquiros, a las que Cronos había encarcelado de nuevo, se unieron a los olímpicos, fabricando sus armas y dando a Zeus su famoso rayo.

Una vez que Cronos se dio cuenta de lo sucedido, reunió también sus propias fuerzas. Llamó a los Titanes y a sus hijos. Todos menos Rea, Temis y el hijo de Temis con Jápeto, Prometeo, se unieron a su causa. Atlas fue nombrado comandante del ejército de Cronos, e hicieron del monte Otris su fortaleza.

Durante diez años, la batalla entre Olímpicos y Titanes continuó. Ninguno de los bandos cedía, y ninguno mostraba piedad. Esta larga guerra se conoció como la Titanomaquia. Durante ese tiempo, Zeus tuvo cinco hijos: Atenea, Hefesto, Ares, Apolo y Artemisa. A excepción de Hefesto, que había sido expulsado del Olimpo por su madre, Hera, todos los demás hijos divinos se unieron a su padre en el conflicto.

Los olímpicos salieron victoriosos. Los titanes fueron castigados por sus acciones. Fueron desterrados a las profundidades del Tártaro. Atlas fue la notable excepción. Debido a su papel como comandante, se le dio la carga de llevar el cielo sobre sus hombros. Comenzó la Tercera Orden, y con ella, la Edad de Oro llegó a su fin, dando lugar a la Edad de Plata. Rea se retiró del liderazgo, aunque seguía siendo querida por todos y a menudo se recurría a ella por su sabiduría. Zeus y sus hermanos se repartieron los reinos: Zeus gobernaba el cielo, Poseidón el mar y Hades los muertos. La Tierra pertenecería a los hombres y sería un terreno neutral entre ellos.

Actividad 1: Actividad de emparejamiento

Relaciona los nombres de la columna A con los atributos correctos de la columna B

Columna A	Columna B
Nix	La personificación de la Tierra
Hypnos	Madre de Zeus y otros cinco olímpicos
Cronos	Comandante del ejército de Cronos
Rea	La personificación de la noche
Hestia	Diosa de la cosecha
Poseidón	Dios del sueño
Deméter	La sede del poder de los Titanes
Atlas	El hijo y el marido de Gea
Monte Otris	Padre de Zeus, esposo de Rea, hijo de Gea
Urano	Diosa del hogar
Gea	Dios del mar y de las tormentas

Capítulo 2: Teseo y el Minotauro

Como suele ocurrir con los héroes, la historia más famosa de Teseo no comienza con él mismo, sino con las acciones de los enemigos a los que un día se enfrentaría.

Minos era el rey de Creta y su reino era próspero. Pero para afianzarse en el trono y que sus hermanos no se lo arrebataran, rezó a los dioses para que lo reconocieran.

Poseidón, rey de los mares y dios de las tormentas y los terremotos, respondió a las plegarias de Minos. Envió a Minos un gran toro blanco conocido como el toro cretense (en otros mitos se le conoce como el toro maratoniano) con la condición explícita de que la majestuosa criatura fuera sacrificada a Poseidón.

La realeza de Minos había sido debidamente reconocida, y llegó el momento de que Minos cumpliera su parte del trato y sacrificara el gran toro blanco al dios de los mares. Pero Minos era orgulloso, y veía cómo muchos miraban a su toro con admiración. ¿Cómo iba a sacrificar un animal tan magnífico que le granjeaba miradas de envidia? No, no podía hacerlo. Su única opción era engañar a Poseidón matando a otro de sus toros con la esperanza de que el dios no notara la diferencia.

Engañar a los dioses es peligroso. Aunque son poderosos más allá de la imaginación de los mortales, también son vengativos y fáciles de ofender. Pocas cosas les ofenden más que un mortal crea que puede ser más astuto que ellos o superarlos en cualquier aspecto.

Poseidón decidió que si el rey se enorgullecía tanto de lo codiciado que era su toro cretense, entonces esta codicia debía ser su castigo.

Poseidón pidió a Afrodita, la diosa del amor, que hechizara a la esposa de Minos, la reina Pasífae.

Y así fue como la reina Pasífae se enamoró del gran toro cretense. Buscó su compañía y quedó embarazada del toro cretense. Finalmente, dio a luz a la criatura mitad hombre y mitad toro conocida como el Minotauro.

Cómo los antiguos griegos representaban al Minotauro[5]

Minos estaba horrorizado y avergonzado. Pidió ayuda a Dédalo, considerado el mayor y más sabio artesano, arquitecto e inventor que el mundo había visto jamás. El hombre finalmente le dijo a Minos que podía construir una prisión gigante compuesta de largos y confusos caminos. Se conocería como el Laberinto, y el Minotauro viviría entre sus muros.

Minos estuvo de acuerdo en que ésta sería la solución ideal a su problema. Encargó a Dédalo el diseño del Laberinto. Una vez terminado, el Minotauro fue liberado en él.

Pasaron años y años desde el nacimiento del Minotauro, y Creta entró en conflicto con la gran ciudad de Atenas. Durante el conflicto, el hijo del rey Minos, Androgeo, fue brutalmente asesinado. Atenas terminó perdiendo ante Creta. Minos se llenó de dolor y deseo de venganza. Decidió castigar a toda la ciudad por la prematura muerte de su joven hijo.

"Siete muchachos y siete doncellas serán enviados a Creta como tributo", declaró Minos. "Serán puestos dentro del Laberinto y estarán a merced del Minotauro".

Atenas y su pueblo sufrieron esta horrible crueldad en dos ocasiones. Siete muchachos y siete doncellas fueron elegidos en dos ocasiones distintas. Fueron enviados a la isla de Creta y colocados en el oscuro Laberinto. Estos jóvenes atenienses vagaban por los sinuosos pasadizos, incapaces de escapar. Sabían que podían toparse con el Minotauro en cualquier momento y encontrar una muerte sangrienta y dolorosa.

Cuando llegó el momento de enviar el tercer tributo, el príncipe Teseo decidió que su pueblo ya no sería aterrorizado por Minos y su monstruo.

Teseo era hijo de Poseidón, aunque su concepción se realizó mediante engaño. Cuando el marido de Etra, el rey Egeo, fue a hacer un sacrificio al dios Poseidón en su noche de bodas, Poseidón se disfrazó del novio y fue al lecho de Etra. De esta unión engañosa nació Teseo, que fue criado y amado por el rey Egeo como si fuera de su propia sangre.

"Déjame ir con los próximos tributos, padre", pidió Teseo al rey Egeo. "¡Me enfrentaré al monstruo dentro del Laberinto y pondré fin a los horrores infligidos a nuestro pueblo por el rey Minos!".

Como cualquier buen padre, el rey Egeo dudaba si dar a su hijo su bendición para ir en esta búsqueda. Quería proteger a su hijo y mantenerlo a salvo en su hermosa ciudad. Pero también sabía que, como rey de Atenas, no podía permitir que su pueblo siguiera soportando esta crueldad. Sabía que su hijo era fuerte y capaz, y sabía que Teseo había tomado una decisión y haría lo que creía correcto y justo.

"¿Estás seguro de que deseas hacer esto, hijo mío?".

"Sí", dijo Teseo. "Iré con las siete doncellas y los seis niños, y traeré a cada uno de ellos de vuelta a Atenas con vida".

"Muy bien, entonces. Te doy mi bendición para llevar a cabo tu plan", dijo Egeo. "Pero primero necesito que me prometas algo".

"Cualquier cosa, Padre".

"Tu barco partirá hacia Creta con velas negras. Cuando regreses, si has sobrevivido a esta misión, cambia las velas a blancas para que sepamos de tu victoria en cuanto aparezcas en el horizonte. Así, no tendremos que esperar a que llegues a tierra para enterarnos de la noticia".

"Por supuesto, padre. Tienes mi palabra", dijo Teseo. Luego, añadió bromeando: "Así podrás tener preparado un banquete de celebración cuando lleguemos".

Egeo sonrió y palmeó el hombro de su joven hijo. "Así es, hijo mío".

Y así, cuando llegó el momento de enviar el tercer grupo de tributos a Creta, el príncipe Teseo se unió a las siete doncellas y los seis niños, todos los cuales se acurrucaron alrededor de su príncipe, temerosos de su destino. Teseo no tenía miedo. Miró al horizonte con determinación, con fuego ardiendo en sus ojos cuando la isla de Creta por fin apareció a la vista.

Teseo y los otros trece tributos fueron escoltados a sus celdas casi de inmediato. Sin embargo, el poco tiempo que pasaron fuera de sus celdas fue suficiente para que la princesa Ariadna viera al héroe ateniense y se enamorara de él.

Ariadna visitó a Teseo en su celda. Teseo vio en ello una oportunidad para ayudarle en su búsqueda. Complació a Ariadna hablándole y haciéndose querer por la princesa.

"Sé que puedo derrotar al Minotauro sin problemas", dijo Teseo. "Mi preocupación es poder salir del Laberinto".

Ariadna se quedó pensativa.

"Padre hizo que Dédalo diseñara y construyera el Laberinto. Supuestamente, nadie debería ser capaz de navegar por sus sinuosos y oscuros pasadizos", dijo Ariadna. "Pero si alguien supiera cómo hacerlo, sería el propio Dédalo".

Ariadna miró el apuesto rostro de Teseo. No quería que su amado muriera, pero sabía que si seguía adelante con su plan, significaría dar la espalda a su padre, a su madre y a toda su ciudad. Tenía que elegir entre salvar a Teseo y a los otros trece jóvenes atenienses o su vida tal y como la conocía.

Lamento la pérdida de mi hermano Androgeo, pensó Ariadna. *Pero éste es un castigo demasiado cruel, y ha durado demasiado tiempo.*

Sonrió a Teseo.

"Volveré pronto".

Se marchó y buscó a Dédalo por todo el palacio. Cuando por fin lo encontró, le contó sus planes y sus preocupaciones, pidiéndole algún consejo que pudiera dar a Teseo para que sobreviviera al Laberinto.

Dédalo se quedó pensativo. Luego se llevó la mano al pecho y entregó a la joven princesa un ovillo de hilo de plata.

"El hilo brillará en la oscuridad", dijo. "Instruye al joven príncipe ateniense para que lo lleve consigo. Dile que a cada paso que dé, debe desenrollar el hilo. Si él y su pueblo sobreviven al Minotauro, todo lo que tendrán que hacer es seguir el hilo de plata hasta el principio".

Ariadna dio las gracias a Dédalo y regresó inmediatamente junto a Teseo. Le dio el ovillo de hilo de plata y las instrucciones de Dédalo.

"Te estaré esperando en la entrada. Y cuando salgas...".

"Cuando salga, iremos a Atenas. Juntos", dijo Teseo. "Gracias, Ariadna. Nos has salvado a todos".

Ariadna dándole el hilo a Teseo

La noche llegó a su fin, y Helios (el dios del sol) se levantó para iniciar su viaje a través del cielo azul, trayendo consigo un nuevo día. Teseo y los demás atenienses fueron sacados de sus celdas y metidos en el Laberinto.

Por suerte, Teseo había conseguido mantener una espada oculta tras su capa. En cuanto las puertas del oscuro Laberinto se cerraron tras él y los demás tributos, la sacó, junto con el hilo de plata que le había dado Ariadna.

Todos los atenienses cerraron filas en torno a su príncipe, los jóvenes en el exterior, las jóvenes en el centro. Teseo permaneció al frente.

No hay palabras para describir los horrores del Laberinto del Minotauro, pero lo intentaremos igualmente. Se dice que sus paredes eran siete veces más altas que un hombre y tan lisas que nadie podría escalarlas. Los pasillos apenas eran lo bastante anchos para que cupieran tres hombres de pie, hombro con hombro, lo que daba a sus cautivos poco espacio para luchar o evadir los salvajes ataques del monstruo. Cada ruido se amplificaba, los ecos de cada respiración y cada paso te seguían.

Teseo apretó con fuerza su espada. Sabía que ningún ateniense más podría ser sometido a este tormento.

Tal como Ariadna y Dédalo le habían indicado, desenrolló el hilo de plata a cada paso que daba. Se adentró cada vez más en el Laberinto, siempre vigilante en las esquinas, siempre listo para atacar de un momento a otro.

Por el camino, vio manchas de sangre, cráneos y huesos de los tributos que les precedieron. Aunque la visión infundió miedo en los corazones de los otros jóvenes tributos, sólo sirvió para avivar el fuego que ardía en el interior de Teseo.

Finalmente, cuando estaban a punto de llegar al centro del Laberinto -la rumoreada morada favorita del monstruo-, el Minotauro apareció a la vista.

"Atrás", susurró Teseo a sus compañeros tributos. "Permanezcan tan atrás como puedan".

No necesitaban que se lo dijeran dos veces. Retrocedieron todo lo que pudieron sin perder de vista a su príncipe.

Teseo miró fijamente a su enemigo. El minotauro era el doble de grande que un hombre normal, sus músculos abultados y sus enormes manos delataban su inmensa fuerza. De los pies al cuello, se parecía a un humano, con la única excepción de una cola en su parte trasera. Sobre sus anchos hombros tenía la cabeza peluda de un toro, con cuernos largos y gruesos y un ancho hocico que podía oler a su presa al otro lado de su prisión.

Los pies del minotauro empezaron a dar zarpazos en el suelo. Teseo se preparó. Cuando el Minotauro cargó, se apretó contra la pared, esquivando a duras penas el ataque de su enemigo. Cuando el minotauro se detuvo, Teseo no le dio la oportunidad de cargar de nuevo. Corrió hacia delante y saltó hasta que pudo coger al Minotauro por los cuernos, arrojándolo al otro lado del Laberinto.

Teseo no dio al minotauro la oportunidad de recuperarse. Corrió hacia delante y clavó su espada en el corazón del monstruo, matándolo al instante. El Minotauro ya no existía.

Placa de Teseo matando al Minotauro. La tercera figura podría ser Ariadna [4]

Los atenienses vitorearon. Felicitaron a su príncipe y lloraron de alegría. Pero aún no eran libres. Tomando el hilo de plata, lo siguieron hasta la entrada del Laberinto.

Por fin salieron al aire libre. Tal como Ariadna había prometido, esperaba a los atenienses en la entrada. Sonrió al ver a Teseo y lo abrazó.

"Las celebraciones deben venir después", dijo Teseo. "Tenemos que irnos antes de que el rey Minos se dé cuenta de lo que hemos hecho".

Tomando a Ariadna de la mano, Teseo la guio a ella y a los otros atenienses de vuelta al barco. Y así, navegaron lejos de Creta.

Si se tratara de un cuento de hadas, se contaría que el príncipe Teseo se casó con la princesa Ariadna y que ambos gobernaron juntos Atenas. Pero no era un cuento de hadas. Los héroes griegos no siempre son caballerosos y buenos, e incluso el final más feliz tiene una nota de amargura.

Puede que Teseo quisiera hacer lo correcto para su pueblo y que su causa fuera justa. Sin embargo, eso no significa que siempre tomara las decisiones correctas y que no hiciera daño a personas que merecían su respeto y lealtad.

Ariadna nunca llegó a Atenas. Mientras dormía durante el viaje, Teseo y los demás la abandonaron en la isla de Naxos. Pero no hay que compadecerse de la princesa cretense. Dioniso, el dios del vino, la fiesta, los huertos y la locura, se enamoró de la valiente joven. La tomó por esposa y Ariadna ascendió a la divinidad, convirtiéndose en la diosa del hilo. Juntos tuvieron muchos hijos y Ariadna fue feliz.

Teseo protagonizaría muchos otros cuentos. Sin embargo, el final de este no es tan feliz. Teseo estaba tan perdido en su alegre celebración que olvidó por completo la promesa que le había hecho a su padre cuando se le confió por primera vez esta búsqueda.

Desde el momento en que su hijo partió de Atenas, el rey Egeo permaneció en los acantilados, observando el horizonte, esperando que aparecieran esas velas blancas. Puedes imaginar su desesperación cuando vio que los barcos atenienses en la distancia tenían velas negras.

El rey Egeo pensó que su amado hijo había muerto, asesinado por el monstruo que ya se había llevado a tantas otras almas jóvenes. El dolor era demasiado. En lugar de regresar al palacio, el rey Egeo se precipitó por el acantilado, muriendo al chocar su cuerpo contra las rocas y el agua. Fue una muerte aún más trágica por ser tan evitable.

Tan pronto como Teseo pisó las costas de Atenas, llegó la noticia y se acabaron las celebraciones. Teseo ya no era el príncipe de Atenas. Ahora, era el rey. Y, sin embargo, habría renunciado a la corona si eso significaba tener a su amado padre con él por un poco más de tiempo.

Actividad 2: Opción múltiple

Responda a las preguntas siguientes.

1. ¿Quién diseñó el Laberinto?
   a) Minos
   b) Dédalo
   c) Ariadna
   d) Poseidón

2. ¿Qué le dio Ariadna a Teseo para ayudarle a escapar?
   a) Una espada
   b) Un escudo
   c) Nada
   d) Hilo de plata

3. ¿Cuáles son las dos ciudades principales de este cuento?
   a) Creta y Atenas
   b) Esparta y Atenas
   c) Argos y Tebas
   d) Tebas y Creta

4. ¿Qué deidad regaló el Toro Cretense a Minos?
   a) Zeus
   b) Dionisio
   c) Poseidón
   d) Afrodita

5. ¿Quiénes son los padres del Minotauro?
   a) Afrodita y Minos
   b) Afrodita y el toro cretense
   c) Poseidón y Pasífae
   d) Pasífae y el toro cretense

6. ¿Cuántos tributos se enviaron al Laberinto cada vez?
   a) Catorce chicos
   b) Diez doncellas
   c) Diez muchachos y diez doncellas
   d) Siete muchachos y siete doncellas

Capítulo 3: Perseo

La historia de Perseo no comienza con una gesta heroica, sino con un rey temeroso y un acto de crueldad.

Acrisio era el rey de Argos y, como muchos otros reyes, recurrió a la sabiduría del Oráculo de Delfos para que le ayudara a gobernar su ciudad y a sortear los traicioneros planes de las Parcas. Durante años, esto ayudó a su ciudad a prosperar. Su dominio sobre el trono permaneció asegurado. Sin embargo, a pesar de todo, sólo concibió una hija.

Preocupado por su falta de herederos, Acrisio acudió al Oráculo en busca de ayuda. Le preguntó cuándo podría esperar tener por fin un hijo.

"¿Tú? ¿Un hijo?", se burló el Oráculo. "Eso nunca sucederá. Tu hija, la princesa Dánae, tendrá un hijo, y será grande. Será un héroe. Y un día, morirás por su mano".

Como muchos hombres que recibieron terribles profecías, el rey Acrisio intentó desafiar su destino. Al hacerlo, se volvió cruel y violento. Se llevó a su única hija, Dánae, y la encerró en una habitación de bronce bajo el palacio.

Durante años y años, Dánae vivió sola en aquella habitación sin ventanas. Con el paso del tiempo, se convirtió en una hermosa joven. Muchos se enteraron de la difícil situación de la princesa, y muchos intentaron y fracasaron en su intento de rescatarla de la prisión. Ningún hombre mortal pudo hacerlo.

Pero la famosa belleza de Dánae atrajo a más que simples mortales. Finalmente, se corrió la voz en el Olimpo, en concreto a Zeus, el dios de los dioses. Decidido a ver a Dánae por sí mismo, descendió del Olimpo en forma de lluvia dorada, el agua penetró en el suelo y entró en la habitación de bronce.

Zeus descubrió que los rumores no hacían justicia a Dánae y que la princesa era mucho más bella de lo que nadie podía imaginar. Se enamoró al instante y, cuando el agua dorada entró en contacto con Dánae, ésta quedó embarazada de Perseo.

Dánae y la lluvia de oro

Se dice que cuando el rey Acrisio oyó llorar al bebé por primera vez, supo que era la voz de quien algún día le mataría. Sus siguientes acciones se atribuyen a veces a la misericordia y a veces al interés propio. Algunos dicen que no mató al bebé porque el llanto le llegó al corazón, y descubrió que aún podía dedicar algo de amor a su nieto. Otros dicen que el rey sabía que los que matan a su propia familia reciben los peores castigos en la otra vida. Sabía que matar al niño le valdría una tortura interminable una vez muerto, así que intentó arreglar la muerte del bebé sin ser directamente responsable de ella.

Independientemente de sus motivos, decidió que no podía matar a su hija y a su nieto. Sin embargo, podía colocarlos en una balsa y enviarlos al mar tempestuoso.

Por suerte para Dánae y Perseo, Poseidón, el dios de los mares y hermano mayor de Zeus, sabía que el niño era su sobrino. Calmó las aguas y guio suavemente la balsa hasta la isla de Serifos.

Dánae bajó de la balsa con su hijo en brazos. Mientras paseaba por la playa, sintiendo la arena bajo sus pies descalzos, buscó un lugar seguro donde pudieran descansar. Fue entonces cuando se encontró con un amable pescador llamado Dictis. En cuanto se enteró de la difícil situación de Dánae, los acogió en su casa. Pronto empezó a ver a Perseo como si fuera su propio hijo y lo crio como tal, guiándolo hacia la madurez.

Ahora, Dictis no era sólo un pescador regular. Era el hermano del rey de Serifos, Polidectes. Al principio, Polidectes prestó poca atención a los nuevos cargos de su hermano. Pero la belleza de Dánae acabó seduciéndole y se enamoró perdidamente de la antigua princesa. Dánae no tenía ningún interés en casarse con nadie, y mucho menos con el arrogante rey Polidectes, ya que estaba centrada únicamente en criar a su hijo.

El rey Polidectes no podía aceptar tal rechazo. Durante años y años, intentó cortejar a Dánae, y durante años y años, Dánae lo rechazó.

Perseo pudo ver cómo el rey Polidectes molestaba a Dánae. Al no confiar en el hombre con el corazón y el honor de su madre, se volvió protector con ella, interponiéndose entre el mal deseado cortejo.

Finalmente, Polidectes no pudo soportarlo más. Decidió que era hora de librarse definitivamente del problema de Perseo. Llamó a madre e hijo y los recibió en su palacio con una sonrisa.

"Mi bella Dánae", dijo. "Sé que me has rechazado una y otra vez. Sin embargo, mi corazón aún te pertenece. Así que, ¿qué tal si llegamos a un acuerdo?".

"¿Qué tipo de acuerdo?" preguntó Dánae.

"Es un acuerdo en el que tu hijo también debe entrar voluntariamente", dijo Polidectes. "Si consigue traerme lo que pido, renunciaré a perseguir tu mano y te dejaré en paz para siempre".

Perseo se acercó. "Di lo que deseas, y lo tendrás".

La sonrisa del rey Polidectes se volvió cruel.

"Quiero la cabeza de la hermana mortal Gorgona Medusa", dijo Polidectes. "Tráemela y dejaré en paz a tu madre".

Perseo no dudó.

"La cabeza es tan buena como la tuya".

Y así, Perseo emprendió esta peligrosa búsqueda que finalmente pondría fin a los problemas de su madre.

Puede que el nombre de Medusa le resulte familiar. Tal vez incluso haya oído alguna historia sobre el origen de esta mujer con pelo de serpiente. Incluso en la época de los antiguos griegos, su historia evolucionó y cambió. Pasó de ser un monstruo espantoso a ser una mujer hermosa en otro tiempo, y de ser una criatura llena de un terror irracional a ser una criatura cuyo odio tenía sus raíces en la cadena de agravios cometidos contra ella.

Originalmente, las tres hermanas Gorgonas eran hijas de deidades marinas primordiales llamadas Forcis y Ceto. Sus nombres, de mayor a menor, eran Esteno, Euríale y Medusa. De las tres, sólo Medusa era mortal. Las Gorgonas tenían la piel escamosa, grandes alas y colmillos de jabalí, pero su pelo de serpiente era su rasgo más monstruoso.

Con el tiempo, los mitos en torno a las tres hermanas cambiaron. Se volvieron hermosas, Medusa más que las otras dos. Era tan hermosa que Poseidón llegó a desearla. Algunas versiones de la historia describen la unión entre Poseidón y Medusa como consentida. Otras dejan muy claro que Medusa fue violada por el poderoso dios. Independientemente de cómo se cometiera el acto, ambos relatos afirman que tuvo lugar en el templo de Atenea.

Como puedes imaginar, la diosa doncella Atenea estaba furiosa. Se sintió insultada y asqueada, pues

Estatua de Medusa de Gian Lorenzo Bernini [5]

no podía creer que su templo hubiera sido profanado de tal manera. Y así, se dispuso a castigar a la única persona sobre la que podía ejercer su poder. Por las acciones de Poseidón, Medusa fue maldecida por la diosa de la guerra y la sabiduría. Su cabello, antes hermoso, se convirtió en serpientes vivas, y quien la mirara se convertiría en piedra.

Perseo tendría que matar a Medusa para liberar a su madre del tormento de Polidectes. Aunque muchos considerarían estas acciones mucho más monstruosas que cualquier cosa que hiciera Medusa, Perseo estaba decidido a ayudar a su madre y demostrar su valía por cualquier medio necesario.

Tras emprender su viaje, Perseo recibió la visita de Atenea y Hermes mientras dormía. Recibió regalos de ellos que le ayudarían en su búsqueda.

"Te doy, buen héroe, este escudo de espejos, que te ayudará en la lucha contra la Gorgona", dijo Atenea. "Y nuestro padre, el gran dios Zeus, te envía esta espada".

"Te presto, buen héroe, estas sandalias aladas, que te ayudarán en tu viaje", dijo Hermes. "Y nuestro tío, el gran dios Hades del inframundo, te envía este yelmo de oscuridad, que te concederá la invisibilidad. También te damos este saco para que lleves la cabeza de la Gorgona una vez que hayas triunfado en tu búsqueda".

"Usa estos dones sabiamente, buen héroe", dijo Atenea. "Y comienza tu viaje buscando a las Hermanas Grises. Ellas podrán decirte dónde encontrar a las Gorgonas".

Cuando Perseo despertó, encontró en sus manos el escudo de espejos y la gran espada. Las sandalias aladas estaban en sus pies, y a su lado estaban el yelmo de las tinieblas y el saco para llevar la cabeza de la Gorgona.

Tal y como Atenea le había ordenado, partió en busca de las Hermanas Grises. Estas tres brujas vivían al borde del Mar Hiperbóreo. Nacieron viejas, sus pieles arrugadas y sus cabellos grises. Estaban tan unidas que compartían un ojo y un diente entre las tres.

Cuando Perseo las encontró, les quitó el ojo y lo mantuvo fuera de su alcance. Angustiadas, las tres brujas le exigieron que se lo devolviera inmediatamente.

"Sólo si me dices el camino hacia las hermanas Gorgonas", dijo Perseo. "Si no me dices la verdad, no sólo me quedaré con tu ojo, sino que también me llevaré tu diente. Sin él, las tres moriréis de hambre".

"¡Está bien, está bien!" gritaron las tres hermanas. "Te diremos dónde encontrarlos".

Dieron instrucciones a Perseo para que volara hacia el sur, hasta el fin del mundo. Allí, en una tierra de calor abrasador, en una cueva rodeada de estatuas de piedra, encontraría a las tres hermanas Gorgonas.

"Gracias", dijo Perseo, devolviéndoles la mirada. "Os dejaré en paz".

Y así, Perseo siguió sus instrucciones. Usando las sandalias aladas que le había regalado Hermes, voló hacia el sur hasta encontrar la tierra de la que hablaban las Hermanas Grises.

Aterrizó en el suelo, llegando al mediodía. Vio una estatua de piedra, con la cara contorsionada por el horror mientras la persona lanzaba un grito eterno y silencioso. Justo delante, vio dos más. Caminó hacia ellas, viendo la misma expresión de miedo en sus rostros. Luego vio tres estatuas más a pocos pasos delante de él. Continuó siguiendo este rastro hasta que encontró la cueva.

Perseo respiró profunda y largamente. Trató de memorizar el terreno lo mejor que pudo, y luego extendió su escudo para que reflejara el camino que debía seguir. Con pasos pequeños y silenciosos, avanzó hacia la cueva.

Las Gorgonas dormían. Medusa yacía a salvo en los brazos de sus dos hermanas mayores e inmortales.

Al ver esto, Perseo dudó un segundo. Parecían tan pacíficas que no parecía correcto cazarlas como si fueran monstruos. Pero entonces recordó a su madre, y que había dado su palabra de que traería de vuelta la cabeza de Medusa. La mano de su madre estaba en juego, así como su honor y reputación.

Perseo tensó su espada. Se lanzó hacia adelante, con el objetivo de un golpe rápido, una muerte indolora. Pero Medusa y sus hermanas se despertaron. Medusa chilló, sus gritos fueron tan terribles que por un momento asustaron a Perseo. Sin dejar de sostener el escudo, Perseo avanzó y blandió su espada. Se hizo el silencio. La cabeza de Medusa cayó de su cuello y rodó por el suelo hasta caer a los pies de Perseo. La Gorgona mortal estaba muerta. De su sangre nació Pegaso, el famoso semental alado.

Perseo derrotando a Medusa

Rápidamente, Perseo metió la cabeza en el saco que le habían dado los dioses. Las otras dos Gorgonas restantes, Esteno y Euríale, estaban furiosas. Una sujetaba el cuerpo de su hermana caída, mientras la otra cargaba contra Perseo, dispuesta a vengar a Medusa.

Pero Perseo fue rápido. Se puso el yelmo de las tinieblas, que lo volvió invisible. Se apresuró a salir de la cueva y saltó por los aires, dejando que las sandalias de Hermes lo alejaran de aquella tierra maldita.

Aunque Perseo no lo había planeado así, el lugar donde decidió descansar por la noche resultó ser justo donde se encontraba Atlas. Él levantó los cielos como castigo por haber desafiado a Zeus y a los demás olímpicos durante la Titanomaquia. Cerca estaba el jardín donde el huerto de manzanas doradas de Atlas crecía de majestuosos árboles. Los cuidaban las hespérides, las ninfas doradas de la noche, hijas del gran titán.

"Saludos, oh gran titán", dijo Perseo al acercarse al ser divino. "Soy Perseo, hijo del dios Zeus y de la mortal Dánae. Acabo de terminar una espantosa búsqueda y necesito descansar esta noche".

En la antigua Grecia, la práctica de la *xenia* (hospitalidad) no era sólo buena educación. Era una obligación moral sagrada que todos, dioses o mortales, estaban obligados a cumplir. Si un anfitrión rechazaba a su invitado o si un invitado deshonraba a su anfitrión, sus acciones se consideraban un insulto personal y un delito. Según todos los indicios, Atlas debería haber acogido a Perseo y haberle hecho sentir lo más cómodo posible mientras permaneciera con él.

Pero eso no fue lo que ocurrió. Verás, hace mucho tiempo, Atlas escuchó una profecía que afirmaba que un hijo de Zeus robaría tres de sus manzanas de oro. En cuanto Perseo se identificó como tal, Atlas temió que éste fuera el hombre del que hablaba la profecía e inmediatamente se negó a servirle comida y vino. También se negó a darle un buen lugar para descansar.

Furioso y más que insultado, Perseo giró la cabeza hacia un lado y cerró los ojos mientras sacaba la cabeza de Medusa del saco y la ponía delante de Atlas. De inmediato, Atlas se convirtió en piedra.

La profecía que oyó Atlas era cierta. Un día, un hijo de Zeus llegaría a su jardín y robaría tres manzanas de oro. Sin embargo, ese hijo no era Perseo, sino Heracles.

Perseo continuó su viaje y, de regreso a Serifos, pasó volando por el reino de Etiopía.

En Etiopía vivían un rey llamado Cefeo, una reina llamada Casiopea y una bella princesa llamada Andrómeda. Su reino era rico, su tierra majestuosa y su reinado seguro. En su comodidad y prosperidad, el rey y la reina se enorgullecían. Un día, la reina Casiopea cometió un gran error.

"Mi hija Andrómeda es la joven más bella que existe", presumía ante todos. "Creo que es incluso más bella que las ninfas del mar, las nereidas".

Presumir de superioridad sobre los seres divinos, aunque sea verdad, siempre es algo peligroso. Las palabras de Casiopea invocaron la ira de las nereidas y del dios del mar, Poseidón. Un monstruo marino gigante parecido a una serpiente, conocido como Cetus, fue enviado a las costas de Etiopía para sembrar el terror como castigo por la imprudente jactancia de la reina.

El rey Cefeo y la reina Casiopea acudieron al Oráculo en busca de consejo para salvar su reino.

"Ceto fue enviado a causa de tu jactancia sobre la belleza de la princesa Andrómeda", dijo el Oráculo. "Por lo tanto, la única forma de apaciguar a Poseidón y a las nereidas es ofrecer a la princesa como sacrificio al monstruo marino".

El rey Cefeo y la reina Casiopea estaban angustiados. Sabían que tenían una responsabilidad para con su pueblo, pero ¿cómo iban a sacrificar a su hija?

Andrómeda recibió la noticia con solemnidad y comprensión.

"Si eso es lo que hay que hacer para proteger a nuestra gente y a nuestra ciudad, eso es lo que haremos".

Andrómeda fue despojada de toda su ropa y atada a una roca en el mar, donde esperaría su destino a manos de Ceto. Desde las costas, el pueblo de Etiopía contempló cómo su valiente princesa se ofrecía en sacrificio para salvarlos a todos. El rey Cefeo y la reina Casiopea ya lloraban la pérdida de su amada hija.

Esta escena recibió a Perseo cuando sobrevolaba el mar Etiópico de regreso a Serifos. Se detuvo en pleno vuelo, impresionado no sólo por el horror de la situación, sino también por la increíble belleza de Andrómeda.

Decidido a salvar a la angustiada pero valiente doncella, Perseo voló a su lado.

"¡Mi bella doncella! Soy Perseo, hijo de Zeus y asesino de la Gorgona", saludó. "¿Cuál es tu nombre, y por qué te encuentro aquí, desnuda e indefensa, atada a esta roca?".

"Soy la princesa Andrómeda de Etiopía, hija del rey Cefeo y de la reina Casiopea", dijo Andrómeda. "En cuanto a por qué estoy aquí, no te preocupes por esas cosas, valiente héroe. Esto no es de tu incumbencia".

"Siento discrepar, mi princesa", dijo Perseo. "Estás en claro peligro. No sería un héroe si te abandonara".

"Estoy aquí por voluntad propia", insistió Andrómeda, manteniendo la compostura a pesar de que las olas se volvían más violentas. "Me ofrezco como sacrificio al monstruo que ha estado atormentando a mi pueblo. Si mi muerte puede salvar a mi amada Etiopía, entonces moriré con gusto por ella".

Conmovido por las palabras de la princesa, Perseo supo que no podía abandonar a Andrómeda a este oscuro destino.

"Estás aquí para evitar el sufrimiento de tu pueblo. Apuesto a que este monstruo marino ha estado causando estragos y dolor, ¿no es así?" preguntó Perseo. "Pero si no hubiera monstruo marino, no habría necesidad de un sacrificio".

"De hecho, no habría", dijo Andrómeda. "Desafortunadamente, esa no es la realidad en la que vivimos, hijo de Zeus".

"Puede que ahora no. Pero lo será pronto".

Con la espada y el escudo en la mano, Perseo se encaramó a la roca a la que estaba atada Andrómeda. Esperó horas y horas a que llegara Ceto, mientras las olas que los rodeaban se volvían cada vez más violentas, signos reveladores de la llegada de una peligrosa tormenta. Ni la princesa ni el héroe vacilaron en su resolución.

Finalmente, vieron unas aletas dorsales más grandes que las sienes que rompían la superficie del agua, nadando hacia ellos. Andrómeda respiró hondo, pero no dejó traslucir su miedo. Perseo apretó con fuerza su espada.

"No te preocupes", dijo Perseo a Andrómeda. "No dejaré que te pase nada".

" Perseus said, 'Fair damsel, put all fear aside—I have freed you—and now you belong to me.'"

Perseo y Andrómeda

Perseo voló al encuentro de Ceto. Como si percibiera la proximidad del héroe, la criatura con forma de serpiente saltó fuera del agua, lanzando un grito espantoso.

Sin embargo, Perseo no se dejó intimidar. Continuó volando a toda velocidad. Cuando estaba a punto de entrar en contacto con Ceto, desenvainó su espada y luego la lanzó hacia delante, atravesando las escamas del monstruo.

Ceto volvió a gritar, esta vez de dolor. Con su espada aún parcialmente dentro del cuerpo del monstruo, Perseo voló hacia arriba, creando un corte largo y profundo.

La batalla continuó. El pueblo de Etiopía observaba con aprensión. Andrómeda no podía apartar los ojos de la figura de su salvador. Una y otra vez, Perseo esquivaba los afilados dientes de Ceto para asestarle su propio golpe.

Finalmente, Perseo voló alto en el cielo y luego se precipitó hacia abajo, con la espada extendida frente a él. Penetró en el cráneo de la criatura marina, matándola para siempre.

Perseo voló hasta Andrómeda y la desató de las rocas. Le dio su manto para que envolviera su cuerpo y luego la llevó en brazos hasta las costas de Etiopía.

En cuanto Perseo y Andrómeda aterrizaron, el rey Cefeo y la reina Casiopea abrazaron a su hija, besaron su rostro y lloraron de alegría.

"Gracias al valiente Perseo sigo viva", les dijo Andrómeda. "Pero no lo entiendo. ¿No era necesario mi sacrificio para salvar nuestra tierra? ¿Nos enviarán otro monstruo?".

"No", respondió el Oráculo. "Se requería ofrecerte como sacrificio, Princesa. No tu muerte real. Te ofreciste a Ceto, y para salvarte, el héroe mató al monstruo".

"Así que no sólo me ayudó a mí, sino también a todos nosotros y a nuestra ciudad", dijo Andrómeda. Miró a Perseo y sonrió. "Gracias, hijo de Zeus".

"Sí, gracias", dijo el rey. "Eres amigo de nuestro pueblo para siempre. Ningún acto podría recompensarte lo suficiente por lo que hiciste por nosotros, pero si hay algún favor que necesites, dínoslo y será tuyo".

"Gracias, Majestad", dijo Perseo. "Por ahora, un buen lugar para descansar y un buen vino para beber deberían ser suficientes".

"¡Entonces serás huésped de honor en nuestro palacio y te sentarás con nosotros a nuestra mesa!".

Durante su estancia en Etiopía, Perseo y la princesa Andrómeda se enamoraron. Al ver esto y aún agradecido al héroe que salvó a su hija y a su pueblo, el rey Cefeo se acercó a los dos jóvenes y les preguntó si querían casarse.

Tanto Perseo como Andrómeda aceptaron entusiasmados la propuesta, y se programó una fastuosa boda para el fin de semana.

Los novios se sintieron honrados y encantados por las celebraciones. El rey Cefeo y la reina Casiopea sabían que no podían haber elegido mejor pretendiente para su hija. Sin embargo, al conceder a Perseo la mano de Andrómeda en matrimonio, ofendieron enormemente a Fineo, hijo de Belo y hermano de Cefeo.

Al anochecer, Fineo irrumpió en la fiesta sin invitación.

"¡Andrómeda era mi prometida!" declaró Fineo. "¡Cómo te atreves a casarla con otro, hermano!".

El rey Cefeo se levantó.

"Cuando la vida de mi hija estuvo en peligro, no acudiste en su ayuda", dijo el rey. "No te importa la seguridad de Andrómeda ni su felicidad. Sólo la querías porque podía ayudarte a reclamar mi trono. No puedo permitir que mi amada hija se case con alguien que la trataría así".

Pero tal razonamiento sirvió de poco para aplacar la furia de Fineo. Levantó su lanza y la lanzó contra su rival. Aunque Perseo esquivó fácilmente el ataque, otros no tuvieron tanta suerte. Se desató una batalla en la que los seguidores de Fineo atacaron a los invitados a la boda.

Perseo vio cómo se derramaba sangre en el banquete destinado a honrar su sagrada unión con su amada. Primero, se horrorizó. Pero se enfureció. Decidido a poner fin a este horror, gritó: "¡Aquellos que son amigos míos y de mi esposa, cierren los ojos y giren la cabeza! Esta es vuestra única advertencia".

Los invitados a la boda hicieron lo que Perseo les ordenó. Perseo cerró los ojos, cogió el saco que siempre llevaba consigo y sacó la cabeza de Medusa.

Sostuvo la cabeza cortada de Medusa lo más alto posible. En cuanto oyó cesar el ruido de las cuchillas, volvió a meter la cabeza en el saco y abrió los ojos. A su alrededor, sus enemigos, salvo Fineo, se habían convertido en piedra. Sus invitados a la boda, que sabiamente habían cerrado los ojos y mirado hacia otro lado, seguían allí.

Pintura de Sebastian Ricci de Perseo mostrando a Fineo la cabeza de Medusa [7]

"Ya podéis abrir los ojos, amigos míos. Es seguro".

Uno a uno, los invitados abrieron los ojos y se maravillaron ante la escena que les rodeaba. Decenas, si no cientos, de hombres armados permanecían inmóviles, con el horror grabado para siempre en sus rasgos.

Pero no fueron los únicos asombrados por este espectáculo. Al darse cuenta del poderío de Perseo, Fineo cayó de rodillas, suplicando clemencia al héroe.

Perseo caminó hacia él lentamente.

"Viniste el día de mi boda y atacaste a mis amigos y a mi familia", dijo Perseo. "Insultaste mi matrimonio durante un momento de celebración. Pusiste a toda esta buena gente en peligro por tu orgullo y porque querías reclamar el trono de Etiopía. ¿Y aún así te atreves a pedirme clemencia?".

Perseo metió la mano en el saco. Esta vez no hizo falta decir a los invitados que cerraran los ojos y miraran hacia otro lado.

"Eres un cobarde", dijo Perseo y sostuvo la cabeza de la Gorgona frente a la cara de Fineo, congelándolo para siempre en esa posición. "No mereces piedad".

Perseo y Andrómeda permanecieron en Etiopía un tiempo más antes de que Perseo anunciara que tenía que regresar a Serifos. Como su esposa, Andrómeda debía acompañarle. Se despidieron del rey Cefeo y de la reina Casiopea antes de emprender el viaje.

Cuando Perseo llegó a la isla, no vio a nadie. Se enteró de que la esposa de Dictis había fallecido mientras Perseo estaba en su búsqueda, y Polidectes continuaba su repugnante y deshonrosa persecución de la mano de Dánae en matrimonio. El rey había sido tan insistente y tan repugnante que Dictis y Dánae huyeron de la ciudad principal y buscaron refugio en un templo.

"Esto no puede seguir así", se dijo Perseo. "Polidectes ha atormentado a mi madre durante demasiado tiempo, y su vergonzoso carácter no ha traído más que miseria al pueblo de Serifos. Es un tirano y un villano, y le he permitido salirse con la suya con su crueldad durante demasiado tiempo".

Pronto se enteró de que Polidectes estaba celebrando una fiesta para aquellos que apoyaron su ira regla. Y en el palacio, Perseo encontró a su enemigo. Cuando entró en el salón principal, Perseo pudo oír su jolgorio, sus risas resonando a su alrededor mientras festejaban y bebían vino como para servir a toda la ciudad. Los sonidos sólo incentivaron aún más a Perseo.

En cuanto entró en la sala, todas las miradas, incluidas las de Polidectes, se volvieron hacia él. Perseo era una figura imponente incluso en circunstancias normales, pero dado que ninguno de los hombres de Serifos esperaba que sobreviviera a la búsqueda de la cabeza de la Gorgona, el espectáculo fue especialmente sorprendente.

Perseo apenas contuvo una sonrisa de satisfacción. Cogió su saco, cerró los ojos y miró hacia otro lado. Levantó la cabeza de Medusa y, al igual que había sucedido en su banquete de bodas, todo sonido se detuvo. Volvió a colocar la cabeza en su sitio y abrió los ojos. Tal como había planeado, el comedor del palacio estaba ahora lleno de estatuas, entre ellas la de Polidectes.

"Ahora mi madre y el pueblo de Serifos están libres de tu tiranía para siempre, Polidectes".

Perseo regresó con Andrómeda, quien, siguiendo las instrucciones de Perseo, se escondía en la casa de su infancia. Mostraron al pueblo de Serifos que Polidectes ya no podía hacerles daño y, a cambio, le dijeron a Perseo dónde podía encontrar a su madre y a la figura de su padre. Perseo y Andrómeda acudieron al templo donde se escondían, y en cuanto vio a su hijo, Dánae lo estrechó entre sus brazos con un cálido abrazo.

"¡Oh, mi querido hijo!", gritó. "¡Sabía que volverías con nosotros!".

Perseo abrazó a su madre con fuerza.

"He vuelto, madre. Siento haber tardado tanto".

Perseo presentó entonces a su madre y a su esposa, y las dos mujeres congeniaron casi de inmediato. Mientras hablaban y se conocían, Perseo se dirigió a Dictis.

"Lamento lo de su esposa".

"Gracias", dijo Dictis. "La hemos llorado mucho. No voy a mentir; fue difícil lidiar con Polidectes mientras no estabas. Pero ahora que has vuelto, espero que las cosas sean un poco más fáciles".

"Sí, lo harán, pero no por la razón que usted podría pensar".

Perseo contó entonces a Dictis y a su madre todo sobre su viaje, sobre matar a la Gorgona, enfrentarse a Atlas, salvar a Andrómeda, su banquete de bodas y lo que le había hecho a Polidectes.

"Sus días de tiranía han terminado", dijo Perseo a Dictis. Luego se volvió hacia su madre. "Ya no puede atormentarte, madre".

Llorando lágrimas de alegría, Dánae volvió a abrazar a su hijo, besándole la cabeza y sonriendo, desahogada por primera vez en años.

"Pero ahora que Polidectes se ha ido, Serifos necesita un nuevo rey", declaró Perseo. Aunque aún abrazaba a su madre, se dirigió a Dictis. "Siempre fuiste bueno con nosotros. Cuando llegamos a estas costas, nos diste comida y cobijo. Nos hiciste una familia. Eres amable y sabio, y la gente de Serifos sabe que te preocupas por ellos. Eras hermano de Polidectes. Tienes derecho a la corona, Dictis, y no puedo pensar en nadie mejor para el trabajo".

Aunque Dictis se mostró reticente al principio, el humilde hombre acabó aceptando las responsabilidades de la realeza. Ofreció a Dánae, Perseo y Andrómeda una casa más lujosa cerca del palacio, pero los tres rechazaron la oferta.

"Mi hijo y yo vinimos a Serifos desde Argos debido a la crueldad de mi padre", dijo Dánae. "Han pasado años y años desde entonces; deseo saber si el tiempo ha templado la mente supersticiosa de mi padre".

Los tres partieron hacia Argos, dispuestos a encontrarse con Acrisio. Aunque Dánae esperaba lo mejor, Perseo estaba dispuesto a defender a su madre y a su esposa en caso de necesidad. Sin embargo, cuando llegaron a Argos, se encontraron con la sorpresa de que Acrisio ya no estaba allí. Había oído hablar del regreso de su hija y su nieto. Temeroso de la profecía, se exilió voluntariamente.

Cuando Dánae se enteró de la noticia, se sintió abatida.

"Quizá la reconciliación entre nosotros sea realmente imposible", se lamentó.

Perseo puso una mano en el hombro de Dánae.

"No desesperes, madre", dijo. "Sé que querías entender por qué tu padre te hizo sufrir tanto, y sé que esperabas enmendarte. Pero quizá sea lo mejor. Independientemente de lo que mi abuelo pueda hacer o pensar, siempre nos tendrás a Andrómeda y a mí a tu lado".

"En efecto", dijo Andrómeda. "Ahora somos familia, y nos sentimos honrados de permanecer a tu lado todo el tiempo que necesites".

Pasó el tiempo y los tres se establecieron en Argos, viviendo felices juntos. Con el tiempo, llegó la noticia de que el nuevo rey de Larisa iba a celebrar unos juegos fúnebres en honor de su padre, recientemente fallecido. Se trataba de competiciones atléticas a las que se invitaba a hombres de toda Grecia para que mostraran sus proezas.

Ansiosos por participar, Perseo, Dánae y Andrómeda viajaron a la gran ciudad, y Perseo se inscribió en la competición de lanzamiento de disco.

Perseo sostuvo el disco. Giró alrededor del círculo, tomando impulso antes de soltarlo. El disco voló alto, viajando lejos, y cuando aterrizó, golpeó a un espectador en la cabeza, matándolo al instante.

Ese espectador, como ya habrás adivinado, era el rey Acrisio. Tratando de huir de su nieto y evitar su destino, se refugió en la ciudad. Y así fue como se cumplió la profecía.

Perseo no se convirtió en rey de Argos, por considerarlo deshonroso. Sin embargo, acabó fundando la gran fortaleza de Micenas. Él y Andrómeda tuvieron nueve hijos juntos, uno de los cuales fue Electrión. Este a su vez tendría una hija llamada Alcmena, y Alcmena tendría un hijo de Zeus que sería conocido como Heracles.

En cuanto a la cabeza de Medusa, Perseo acabó regalándosela a Atenea, que la utilizó para crear el famoso escudo de Zeus, la égida.

Actividad 3: Ejercicio de apertura y cierre

En cada frase, rodea con un círculo la respuesta correcta.

1. Perseo era hijo de *Zeus/Poseidón* y de la princesa mortal Dánae.
2. Cuando Dánae y Perseo llegaron a Serifos, *Polidectes/Dictis* los acogió en su casa.
3. *Poseidón/Atenea* maldijo a Medusa haciéndola tener un cabello de serpientes que convertía en piedra a quien la miraba.
4. Para ayudarle en su búsqueda, Atenea y *Hermes/Afrodita* y Zeus dieron a Perseo flechas envenenadas, un garrote y un *hilo de oro/un escudo de espejos*, sandalias aladas y el yelmo de las tinieblas.
5. Andrómeda, hija de *Cefeo/Fineo* y Casiopea, era la princesa de *Argos/Etiopía*.
6. Tras derrotar a Polidectes, Perseo, Andrómeda y Dánae abandonaron Serifos en dirección a *Argos/Larissa*.

Capítulo 4: Los doce trabajos de Heracles

En la época de los antiguos griegos, pocos héroes fueron más prolíficos, más venerados y más famosos que el poderoso Heracles (también llamado Hércules en la tradición romana). Las historias de sus hazañas y aventuras son demasiado numerosas para contarlas en un solo capítulo. Es difícil elegir una sola historia, pero contaremos su logro más famoso. No es una historia de heroísmo, sino de penitencia y perseverancia. Es una historia de redención. Comienza con una gran tragedia y termina con una gran victoria. Es la historia de los Doce Trabajos de Heracles.

Para entender por qué Heracles pasó voluntariamente doce años sometiéndose a la crueldad de su cobarde primo, primero hay que entender cómo y por qué Heracles se encontró en esta situación.

Heracles era hijo de Zeus, pero su madre no era Hera, la esposa de Zeus. Su madre era una mujer mortal llamada Alcmena. Zeus admiró a Alcmena desde lejos durante mucho tiempo, a pesar de que Alcmena estaba casada con Anfitrión.

Sin embargo, Zeus seguía codiciando a Alcmena. Cuando Anfitrión se fue a la guerra, Zeus vio la oportunidad de estar por fin con la mujer que anhelaba. Pasó el tiempo, y justo cuando llegó la noticia de que Anfitrión regresaría pronto de la guerra, Zeus se disfrazó de Anfitrión para engañar a la pobre Alcmena y hacer que se acostara con él.

Se dice que Zeus pidió a Helios, la divina personificación del sol, que no volviera a salir durante tres de las rotaciones de la Tierra para poder pasar más tiempo en el lecho de Alcmena. Durante tres oscuros días, Zeus hizo compañía a Alcmena, sin que su disfraz flaqueara en ningún momento. La pobre mujer nunca se dio cuenta de que era víctima de los trucos lujuriosos del dios. Y así fue como Heracles fue concebido.

La misma noche que Zeus se fue, Anfitrión regresó. Pasó la noche en el lecho de su amada esposa, y así fue como fue concebido el hermanastro gemelo más joven de Heracles, Ificles.

Se decía que Hera era una diosa vengativa y mezquina incluso en los mejores momentos. Era orgullosa y poderosa. Y no toleraba ningún insulto. No sólo era la esposa de Zeus, sino también la diosa del matrimonio. La constante infidelidad de su marido había torturado durante mucho tiempo su mente y su corazón. Hera odiaba a Heracles porque era la prueba física de los ojos errantes y las manos inquietas de Zeus. Mientras Heracles viviera, Hera no podía hacer la vista gorda ante la infidelidad de su marido.

Heracles se convirtió en un héroe poderoso, un hombre fuerte al que todos admiraban. Se casó con una princesa tebana llamada Megara, hija de Creonte. Juntos tuvieron tres hijos, y Heracles fue feliz.

Hera no podía soportar esa felicidad, no cuando se sentía miserable. Odiaba que le recordaran la humillación sufrida por la infidelidad de Zeus. Hera estaba decidida a hacer a Heracles tan infeliz como ella, así que utilizó sus poderes divinos para volverlo temporalmente loco.

En su ataque de locura, Heracles masacró a Megara y a sus hijos. La pobre mujer y los niños no eran rivales para el hijo de Zeus. Ni siquiera sus gritos de angustia pudieron sacar a Heracles de su locura.

Cuando salió el sol y la locura de Hera finalmente se disipó, Heracles se encontró rodeado por los cuerpos de su amada familia. Cayó de rodillas y lloró. El dolor le paralizó al recordar cada horrible segundo de aquella terrible noche.

Aunque hoy no consideraríamos a Heracles responsable de su crimen, no era así en aquellos tiempos. De todos modos, quizá no hubiera importado. Saber que nunca habría hecho daño a su familia de no ser por la acción de Hera habría hecho poco por aliviar su culpa y borrar aquellos horribles recuerdos. Saber que fue víctima de los crueles caprichos de los dioses no le devolvería a su familia.

Heracles buscó una forma de purificar su alma y compensar la crueldad y el dolor que su horrible fuerza había desatado. Se encontró a merced de su primo, el rey Euristeo de Argos. El rey le encargó diez trabajos imposibles. Si Heracles podía completar esas diez tareas imposibles, se le concedería el perdón.

El primer trabajo de Heracles es conocido como el León de Nemea.

"Mata a la bestia que está aterrorizando a la aldea junto a las montañas", exigió el rey Euristeo. "Y tráeme su piel".

El León de Nemea era invulnerable a las armas, por lo que era imposible matarlo. Sin embargo, Heracles cogió su garrote, su espada de bronce y sus flechas.

Heracles siguió al león hasta su morada, una cueva junto a las montañas. Tras cerrar una de las entradas de la cueva, Heracles acorraló a la bestia de modo que su única vía de escape era a través de él. Heracles tensó su arco y disparó sus flechas, pero éstas rebotaron en la piel del león. Entonces cargó contra él con su garrote y le golpeó en la cabeza, aturdiéndolo momentáneamente.

Al ver su oportunidad, Heracles arrojó sus armas a un lado y golpeó al león hasta matarlo con sus propias manos. Pero aunque el león de Nemea había perecido, la tarea de Heracles no estaba completa, pues tenía que devolver su piel a Euristeo. Intentó usar su espada y sus cuchillos, pero fue inútil.

Fue entonces cuando Atenea, la diosa de la guerra y la sabiduría, se presentó ante él. Le ordenó a Heracles que utilizara las garras del león nemeo para despellejarlo. Heracles hizo lo que se le ordenó y funcionó. Llevó la piel hasta Argos.

Hércules y el León de Nemea*

Ahora bien, el rey Euristeo no esperaba que su primo sobreviviera a esta tarea, y mucho menos que regresara a su ciudad. Cuando le presentaron la piel del león de Nemea, el miedo se apoderó de su corazón, pues se enfrentaba al verdadero poder de Heracles. Ordenó que se construyeran murallas alrededor de Argos y prohibió a Heracles que pisara la ciudad. A partir de ese momento, debía esperar a las puertas de la ciudad, y el rey lo recibiría para encomendarle su siguiente tarea.

La segunda labor de Heracles fue derrotar a la hidra de Lerna.

"Derrota a la hidra que vive en los pantanos de Lerna", dijo el rey Euristeo. "Esa será tu segunda labor".

Y así, Heracles partió hacia los pantanos de Lerna para luchar contra la hidra. Se llevó a Yolao, el hijo del hermano de Heracles, Íficles. Yolao era sobrino de Heracles y su compañero más querido.

La hidra era un poderoso monstruo creado por Hera. Era una criatura con forma de serpiente que exhalaba gases venenosos. La hidra tenía múltiples cabezas, y una de ellas era inmortal.

En primer lugar, Heracles e Yolao atrajeron a la hidra hacia el exterior con las flechas incendiarias de Heracles. Una vez que el monstruo se alejó de los pantanos y el lago, Heracles desenvainó su espada y cargó hacia delante, cortando una a una las cabezas de la hidra. Parecía tener la victoria al alcance de la mano, pero pronto descubrió el terrible secreto que hacía de la hidra un monstruo imposible de matar: cuando se cortaba una de sus cabezas no inmortales, crecían dos en su lugar.

Hércules y la hidra de Lerna [9]

Las cabezas se multiplicaron y multiplicaron hasta que Heracles se encontró frente a un enemigo mucho más fuerte que cuando empezó la batalla.

Aprovechando el horror y la confusión de Heracles, la hidra cargó hacia delante. Se enroscó alrededor de su cuerpo, aplastándolo. Heracles estaba al borde de la muerte y tal vez habría perecido de no ser por la rapidez mental de Yolao.

Tras distraer a la hidra con fuego, Yolao ayudó a Heracles a liberarse y ambos se alejaron del monstruo.

"¿Qué hacemos?" preguntó Heracles. "¿Cómo podemos derrotar a semejante monstruo?".

"Creo que tengo una idea", dijo Yolao y le contó su plan a Heracles.

"Creo que podría funcionar", dijo Heracles. "Esa podría ser la única manera de derrotar a la hidra".

Heracles cogió su espada, mientras que Yolao tomó una antorcha. Cuando Heracles cortó una de las cabezas de la hidra, el joven Yolao quemó rápidamente la herida para que se cauterizara, cerrándola y formando un muñón del que no podrían crecer otras cabezas.

Hicieron lo mismo con cada una de las cabezas de la hidra, trabajando juntos para derrotar al monstruo. Cuando sólo quedó una cabeza, la del medio, la inmortal, Heracles utilizó el escudo de bronce que le había dado la diosa Atenea para cortarla. Escondió la cabeza, que seguía viva y en movimiento, bajo una roca gigante. Y justo antes de que él y Yolao regresaran a Argos, Heracles mojó todas sus flechas en la sangre venenosa de la hidra, creando un arma más mortífera que la más afilada de las espadas.

Sin embargo, cuando llegaron a Argos, no fue a las celebraciones.

"No venciste a la hidra tú solo, Heracles. Si Yolao no hubiera estado allí, habrías fracasado", dijo el rey Euristeo. "Por lo tanto, esta tarea no cuenta. Todavía tienes nueve trabajos que completar".

Para la tercera, o más bien segunda, labor de Heracles, se le encomendó la captura de la cierva de Cerinea.

"Es una cierva preciosa para la diosa doncella Artemisa", dijo el rey Euristeo. "Quiero que me la traigas".

Heracles estuvo de acuerdo.

La cierva de Cerinea no era una simple cierva. Este animal no sólo era sagrado y amado por la diosa Artemisa, sino que además era hermoso, con pezuñas de bronce y cuernos de oro. Se decía que corría más rápido que el viento.

Heracles sabía que no podía herir al hermoso animal sin provocar la ira de Artemisa. Así que persiguió a la cierva de Cerinea, tratando de encontrar la forma de llevarla de vuelta a Argos sin causarle daño. Corrió tras ella durante un año. Aunque Heracles se cansaba a menudo, la cierva no notó su presencia ni una sola vez.

Finalmente, la cierva de Cerinea llegó a un lago y se detuvo a beber agua. Viendo su oportunidad, Heracles tensó el arco y le disparó una flecha justo entre las piernas. Asustada, saltó hacia atrás, tropezó y cayó. Heracles se abalanzó sobre ella, le ató las piernas y la capturó.

Fue entonces cuando Artemisa apareció ante él. Heracles explicó humildemente su situación a la diosa, que escuchó en silencio.

"Bien", dijo. "Puedes llevarla a Argos siempre y cuando permanezca ilesa. Una vez completada tu tarea, déjala volver a mí".

Agradeciendo a la diosa su generosidad, Heracles regresó a Argos, llevándose consigo a la cierva de Cerinea. Como tenía prohibido entrar en la ciudad, el rey Euristeo tuvo que salir para quitarle la cierva. Así lo hizo el rey. Justo cuando extendía la mano para tocar al animal sagrado, Heracles sonrió satisfecho y la liberó de sus ataduras. La cierva, ya libre, corrió hacia su dueña.

"Parece que mi tercer trabajo ha sido terminado", dijo Heracles.

El rey Euristeo accedió a regañadientes.

Para el cuarto trabajo de Heracles, el rey Euristeo le exigió que capturara al jabalí de Erimanto.

"La bestia vive en el monte Erimanto", dijo el rey Euristeo. "Es una criatura grande y temible, y debes traerla viva de vuelta a Argos".

Heracles partió hacia el monte Erimanto. En su camino, se detuvo a ver a un amigo, el centauro Folo. Obligado por los códigos morales de la *xenia*, el centauro acogió a su amigo y le mostró la máxima hospitalidad. Compartieron una comida y luego vino.

Folo descubrió que el único vino que tenía para servir a su amigo era uno que el dios Dioniso había confiado a los centauros. No le pareció buena idea compartirlo, pero su deber era honrar a su invitado y amigo.

Así pues, abrió la botella y se la sirvió a Heracles.

En cuanto se abrió la botella, centauros de todas partes percibieron su aroma. Furiosos porque Folo compartía su vino sagrado con un humano y enloquecidos por su poder embriagador, atacaron a Folo y a Heracles.

Heracles se levantó de un salto. Cogió sus flechas, que aún estaban recubiertas de la venenosa sangre de hidra, y las disparó contra los centauros. En cuanto las puntas de las flechas tocaron su piel, los centauros cayeron al suelo, muertos. Fue un espectáculo devastador.

Folo no entendía por qué tantos de los suyos habían muerto tan deprisa. Agarró una de las flechas para examinarla antes de que Heracles pudiera detenerlo. Se le resbaló de la mano, cortándole la piel. Folo cayó muerto.

Angustiado por la pérdida de su amigo, Heracles no sabía qué hacer. Fue a visitar a su antiguo tutor, el centauro Quirón, que le ofreció consuelo y consejo para completar su cuarto trabajo.

Heracles agradeció a Quirón su ayuda y continuó su viaje. Para entonces, el invierno había caído sobre la tierra, y las montañas de Grecia estaban cubiertas de nieve.

Tal y como le había ordenado Quirón, Heracles sacó al jabalí de su escondite. Una vez en campo abierto, Heracles asustó al jabalí para que huyera y cayera en su trampa. El jabalí corrió hasta que quedó atrapado en una espesa capa de nieve y ya no pudo seguir corriendo. Fue entonces cuando Heracles se lanzó a la carga, forcejeó con el animal y le ató las patas. Se echó el jabalí al hombro y regresó a Argos, completando con éxito su cuarta tarea.

El quinto trabajo de Heracles se conoce como los Establos de Augías.

Hércules y el jabalí de Erimanto por *Giambologna* [10]

"Debes ir a ver al rey Augías de Elis y limpiar sus establos, donde se guarda su afamado ganado inmortal", dijo el rey Euristeo. "Sólo una vez que esté completamente limpio podrás considerar esta tarea completa".

Heracles aceptó de buen grado.

El poderoso héroe viajó hasta Elis y solicitó audiencia con el rey Augías.

"Su Majestad, sé que sus establos necesitan limpieza", dijo Heracles. "Me ofrezco a realizar la tarea por usted. Mi única petición es que, como pago, me des una décima parte de tu ganado si consigo realizarla en un día".

El rey Augías miró a Heracles, divertido. Sabía que semejante tarea era imposible, pues tenía más de mil reses inmortales. Los establos, inmensos e impresionantes como eran, llevaban más de treinta años sin limpiarse. El rey Augías conocía la fama de Heracles, pero creía que ni siquiera un héroe como él sería capaz de limpiar tanta porquería y estiércol él solo, y mucho menos en un solo día.

"Muy bien", aceptó el rey Augías. "Si consigues limpiar los establos antes de la puesta de sol, tendrás mi gratitud y una décima parte de mi ganado como pago".

Heracles dio las gracias al rey Augías y abandonó el palacio. En lugar de ir directamente a los establos, se dirigió al río Alfeo y luego al río Peneo. Con su fuerza divina, levantó rocas y cavó trincheras. Al hacerlo, redirigió ambos ríos para que sus aguas pasaran por los establos y arrastraran toda la porquería y el estiércol, dejándolos perfectamente limpios mucho antes de la puesta del sol.

El rey Augías se quedó estupefacto. No podía creer que Heracles hubiera logrado completar una tarea tan imposible. Una vez más, Heracles había hecho posible lo imposible.

Cuando Heracles fue a recoger su pago, el rey Augías se negó a darle nada de su ganado.

"¿Por qué debería pagarte si la única razón por la que te ofreciste a limpiar mis establos fue porque el rey Euristeo de Argos te lo ordenó?". Preguntó el rey Augías. "Este es un asunto entre ustedes dos. Nunca deberías haber exigido un pago por una tarea que tenías el honor de completar".

"Hablas de mi honor, pero te niegas a honrar tu propia palabra", dijo Heracles. "Dijiste que si los establos estaban limpios al atardecer, me darías la décima parte de tu ganado *además de* tu gratitud. Los establos están limpios y el sol aún está en el cielo. Sin embargo, te niegas a darme ambas cosas".

Ambos hombres se negaron a ceder, por lo que el hijo del rey Augías, el príncipe Fileo, intervino para tratar de resolver el asunto. Escuchó los argumentos de ambos. Había visto a su padre aceptar las condiciones de Heracles, y también había visto a Heracles completar la tarea tal y como se le había pedido. Aunque el rey Augías era su padre, Fileo se puso del lado de Heracles, alegando que su padre estaba obligado por su honor a cumplir su palabra.

Enfadado y traicionado, el rey Augías se negó. Desterró a Heracles de su ciudad y envió al príncipe Fileo al exilio. Sin embargo, Heracles no podía soportar que se cometiera tal injusticia contra alguien que decía la verdad.

"Te prometo, amigo mío, que no descansaré hasta que se corrija este error", dijo Heracles.

Y así, Heracles luchó al lado de Fileo para deshacer la injusticia. Mató al rey Augías y ayudó a Fileo a ocupar el trono. Sólo entonces regresó a Argos.

Cuando llegó a las puertas, se encontró con que la noticia de sus hazañas había llegado a la ciudad antes que él. El rey Euristeo lo recibió con suficiencia.

"Tú no limpiaste los establos, Heracles. Los ríos lo hicieron por ti", dijo el rey Euristeo. "Por lo tanto, esta tarea no cuenta. Todavía tienes otras seis labores que completar".

El sexto trabajo de Heracles se centró en las Aves del Estínfalo.

"Las aves del Estínfalo han hecho su hogar en los pantanos que rodean el lago Estínfalo", dijo el rey Euristeo. "Se han comido las cosechas y aterrorizado a la gente del pueblo. Librad al pueblo de esta amenaza".

Las aves del Estínfalo no eran pájaros corrientes. Eran sagradas para el dios Ares, el dios de la guerra. Sus picos eran de bronce y sus plumas tan afiladas como espadas. Se decía que eran carnívoras, que se daban un festín con la carne de los hombres y que sus excrementos eran tóxicos para la mayoría de los seres vivos. Las aves se reproducían rápidamente y prosperaban alrededor de las zonas pantanosas del lago Estínfalo. Las personas que vivían cerca sufrían, ya que eran incapaces de enfrentarse a la gran bandada.

Cuando Heracles llegó al lugar, se encontró con un difícil obstáculo. Heracles era fuerte y poderoso, pero su peso era demasiado grande para atravesar los pantanos. No podía enfrentarse a las aves en un combate cuerpo a cuerpo, así que tuvo que encontrar otra forma de liberar a los habitantes del pueblo de sus problemas.

Fue entonces cuando Atenea acudió en su ayuda una vez más. Le dio un sonajero que había sido fabricado por el dios Hefesto, el dios de los herreros y los artesanos. Le indicó que utilizara el sonajero para crear un ruido que ahuyentara a los pájaros. Cuando volaran hacia el cielo, podría dispararles sus flechas envenenadas.

Heracles hizo lo que se le había ordenado. En cuanto agitó el cascabel, un gran y terrible ruido llenó el aire. Toda la bandada voló inmediatamente hacia el cielo. Decidido a asegurarse de que nunca regresaran a la zona, Heracles sacó su arco y disparó a tantos pájaros como pudo. No los alcanzó a todos, pero los que escaparon a sus flechas nunca regresaron al lago Estínfalo. Y así completó su sexto trabajo.

Cerámica con una escena de Heracles atacando a las aves del Estínfalo[11]

El séptimo trabajo de Heracles fue el infame toro cretense.

Ya hemos hablado antes de esta criatura, pero si lo has olvidado, no te preocupes. El rey Minos de Creta rogó al dios Poseidón, rey de los mares y las tormentas, que le ayudara a demostrar al mundo su derecho a gobernar. En respuesta a su plegaria, Poseidón le envió un poderoso toro blanco -el toro cretense- con la orden explícita de que, llegado el momento, el toro sería sacrificado a Poseidón.

Sin embargo, el rey Minos vio cómo la gente se maravillaba ante el animal. Pensó que el toro era demasiado grande para ser sacrificado como el ganado común. Intentó engañar al dios sacrificando otro toro en su lugar.

Pero engañar a los dioses nunca es una buena idea. Cuando Poseidón se enteró, se enfadó y se sintió insultado. Pidió a la diosa Afrodita, la diosa del amor y la belleza, que maldijera a la esposa del rey Minos, Pasífae, para que se enamorara del toro cretense. De esa unión maldita, Pasífae dio a luz a la infame criatura mitad hombre, mitad toro, conocida como el Minotauro.

"Tráeme al toro cretense, el padre del Minotauro", dijo el rey Euristeo. "Y tráemelo *vivo*".

Y así, Heracles navegó a Creta.

Cuando llegó, el rey Minos le dio la bienvenida con un banquete. Ambos conversaron mientras tomaban vino y Heracles le explicó su situación.

"Puedes quedarte con la bestia si consigues atraparla", dijo el rey Minos. "Pero ten en cuenta que no es un toro ordinario. Fue creado por un dios. Desde el nacimiento de su monstruoso hijo, ha estado causando el caos por toda mi ciudad, destruyendo nuestras cosechas y aterrorizando a mi pueblo. Si puedes atraparlo y llevártelo de aquí, te estaría eternamente agradecido".

Heracles agradeció al rey Minos su comprensión y prometió que haría todo lo posible por ayudar a Creta. Cuando Minos se ofreció a prestarle toda la ayuda que pudiera necesitar, Heracles se negó cortésmente.

"Es generoso su ofrecimiento, Majestad, pero es una tarea que debo completar solo".

"Bueno, mientras lo haces, eres un invitado de honor en mi ciudad".

Heracles observó a la bestia durante días, acechándola y aprendiendo sus puntos fuertes. Finalmente, cuando estuvo listo, se escabulló detrás del toro. Cuando el animal menos se lo esperaba, Heracles lo tiró al suelo. Con sus fuertes brazos alrededor del cuello del animal, domó a la criatura hasta que estuvo a punto de morir. Luego lo arrastró hasta su barco y navegó de vuelta a Argos.

Hércules y el toro cretense *de Giambologna*[11]

Cuando el rey Euristeo vio que Heracles había logrado completar otra tarea imposible, se puso furioso. Pensó en sacrificar el toro cretense a Hera, que odiaba a Heracles, para insultar al héroe. Hera se burló de la idea. No aceptaría un sacrificio que, de algún modo, pudiera interpretarse como una exoneración de Heracles y sus acciones.

Así pues, el toro cretense fue puesto en libertad. Finalmente, llegó a Maratón, donde se le conocería como el Toro Maratoniano. No sería hasta años más tarde cuando Teseo, el asesino del Minotauro, capturaría al toro y finalmente lo sacrificara a los dioses.

Para el octavo trabajo de Heracles, debía robar las yeguas de Diomedes.

"Se dice que esas yeguas no se parecen a ninguna de este mundo", dijo el rey Euristeo. "Y las quiero para mí".

El rey Euristeo pensó que esta sería sin duda la tarea que detuviera la heroicidad de Heracles. Diomedes era el rey de Tracia, y su crueldad era bien conocida. Sus yeguas eran hermosas y fuertes, pero no se les daban las plantas y verduras que ansiaban. En su lugar, las pobres criaturas eran alimentadas con carne humana. Esta dieta corrupta y terrible las llevaba a la locura, haciéndolas imposibles de domar.

Sabiendo que el rey Diomedes no acogería a Heracles en Tracia como lo había hecho Minos, el héroe trajo consigo a un grupo de voluntarios. Entre ellos se encontraba uno de sus amigos más queridos, un joven llamado Abdero.

Los temores de Heracles se confirmaron. En lugar de darles la bienvenida, el rey Diomedes envió a sus propios hombres a enfrentarse a Heracles y sus voluntarios en la batalla. Decidido a no fracasar, Heracles fue a enfrentarse al propio Diomedes para exigirle que pusiera fin a la locura.

Desgraciadamente, durante su ausencia, su compañero favorito, Abdero, fue asesinado por uno de los hombres de Diomedes.

Heracles, apesadumbrado, decidió vengar a su querido Abdero. Atravesó a Diomedes con su espada de bronce, matándolo en el acto. Luego dio de comer al cruel rey a sus yeguas locas.

La maldición que había asolado a las yeguas desapareció en cuanto probaron la carne de su verdugo. Se volvieron tan mansas y tranquilas como caballos normales. Aprovechando su nuevo comportamiento, Heracles les ató la boca y las llevó a Argos.

En cuanto el rey Euristeo vio a las infames yeguas, el miedo se apoderó de él. Quiso sacrificarlas a Hera, pero la diosa las creyó impuras debido a la dieta que se les imponía. Así que las yeguas fueron soltadas para que vagaran por Grecia hasta el día en que se acercaron demasiado al monte Olimpo, y Zeus las hizo asesinar por otros animales salvajes.

El noveno trabajo de Heracles fue traer al rey Euristeo el Cinturón de Hipólita.

"La reina de las Amazonas es hija de Ares. Es una guerrera feroz, y se dice que su cinturón de cuero, que usa para llevar sus armas, otorga a su portador poderes especiales", dijo el rey Euristeo. "Mi hija, la princesa Admete, codicia ese cinturón, así que debes traérmelo".

Heracles accedió, pensando que esta tarea sería fácil de realizar. La reina Hipólita era una guerrera feroz y una gobernante justa. Sin duda, no tendría ningún problema en desprenderse de su cinturón al enterarse de la difícil situación de Heracles.

Tal y como Heracles esperaba, Hipólita acogió a Heracles y a sus hombres. Cuando se enteró de su situación, aceptó darle su cinturón. Sin embargo, Hera no podía soportar la idea de que Heracles llevara a cabo otra tarea, y decidió interferir.

Convenció a las demás amazonas de que Heracles y sus hombres eran invasores que pretendían matar a su amada reina. Las Amazonas cogieron sus armas y atacaron a Heracles y sus hombres, dispuestas a defender a Hipólita.

Se desató una sangrienta batalla. Los hombres de Heracles eran fuertes, pero también lo eran las Amazonas. Eran famosas por haber inventado el arte de luchar a caballo. No importaba lo que Heracles intentara, no podía controlar la situación. Pronto, se vio obligado a desenvainar su espada para defender a sus hombres. La reina Hipólita se encontró en la misma situación, aunque estaban en bandos opuestos.

La batalla continuó, con hombres y mujeres cayendo. Sólo cuando Heracles mató a la reina Hipólita y recuperó el cinturón, el caos llegó a su fin. Mientras las Amazonas lloraban a su amada reina, Heracles regresó a Argos y entregó al rey Euristeo y a su hija el famoso cinturón de cuero.

Por el décimo trabajo de Heracles, Euristeo le exigió que le trajera el ganado de Gerión.

"Gerión es un guerrero monstruoso con tres cabezas y tres miembros. Vive en Eritrea, en el lejano, lejano oeste", dijo el rey Euristeo. "Quiero que me traigas su ganado".

El viaje a Eritrea fue largo y peligroso. Para llegar hasta allí, Heracles se vio obligado a atravesar el desierto de Libia. Durante días, soportó el intenso e implacable calor sin quejarse. Pero incluso el poderoso Heracles podía enfadarse cuando estaba agotado y sediento. Desahogó su frustración disparando una flecha al sol.

Por suerte para Heracles, el dios Helios no se ofendió por su acción. Por el contrario, se sintió impresionado y divertido por su fuerza. Decidió ayudar a Heracles en su viaje. Le dio una copa de oro con la que Heracles podría navegar por el mar cada noche.

Siguiendo las instrucciones del dios, Heracles llegó finalmente a Eritrea. Cuando su pie tocó la orilla, el bicéfalo Orto, guardián del ganado, cargó contra Heracles.

Heracles agarró su garrote. Antes de que ninguna de las cabezas del perro pudiera darle un mordisco, blandió el garrote, matando al animal al instante.

Sin embargo, la prueba de Heracles no había terminado. Después vino Euritión, el pastor que cuidaba el ganado de Gerión. Heracles mató al hombre igual que había matado al perro.

A continuación llegó el mismísimo Gerión. Aunque Heracles había oído hablar de su fuerza, estatura y poder, los cuentos no le prepararon para ver al monstruoso guerrero. Gerión se enfureció contra Heracles y se lanzó al ataque, listo para la batalla.

Heracles se apartó de un salto. Viendo que no podría derrotar a su nuevo enemigo con su garrote, cogió en su lugar su arco y una flecha envenenada, disparándola contra Gerión. En cuanto la punta hizo contacto con la piel de Gerión, el monstruoso guerrero cayó muerto al suelo.

"Por fin", dijo Heracles. "Ahora, a traer el ganado de vuelta conmigo a Argos".

Por desgracia para Heracles, el odio de Hera hacia Heracles era muy fuerte. Asustó al ganado, que se dispersó y corrió por toda Grecia.

Hércules y el ganado de Gerión [18]

Pasó un año mientras Heracles intentaba recuperarlos a todos. Fue un trabajo duro, agotador y frustrante, pero Heracles lo consiguió a pesar de todo. Aun así, Hera no podía dejar pasar las cosas. Mientras Heracles y el ganado regresaban a Argos, inundó un río para que el ganado no pudiera cruzarlo.

Pero la diosa subestimó la determinación y el ingenio de Heracles. Reunió piedras y rocas y las arrojó al río. Hizo esto durante horas y horas hasta que las piedras crearon un camino que el ganado pudo utilizar para cruzar.

"Aquí está el ganado", dijo Heracles, "Todos están aquí, tal como pediste".

El rey Euristeo cogió el ganado y ordenó inmediatamente sacrificarlo a la diosa Hera.

Este debería haber sido el final de la difícil situación de Heracles. Pero si recuerdas, el rey Euristeo se negó a contar la matanza de la hidra de Lerna y la limpieza de los establos de Augías. Por lo tanto, Heracles tenía dos trabajos más que completar antes de terminar su penitencia.

El undécimo trabajo de Heracles -o noveno, si se pregunta al rey Euristeo- giró en torno a las manzanas de oro de las hespérides.

"Tráeme tres de esas manzanas de oro", dijo el rey Euristeo. "Y entonces tu tarea estará completa".

Las hespérides eran ninfas, supuestamente hijas del titán Atlas. Estos hermosos seres siempre aparecían de tres en tres. Vivían en un magnífico jardín en el lejano oeste. También se decía que eran las hijas del atardecer, las ninfas de las puestas de sol, y se decía que eran tan hermosas como la luz dorada que baña el cielo justo cuando el día está a punto de terminar. Heracles encontraría el árbol con las tres manzanas de oro que deseaba el rey

El jardín de las hespérides, de Frederic Leighton[14]

Euristeo en algún lugar profundo de su jardín.

    Heracles emprendió su viaje. En el camino, se encontró con el titán Prometeo, que tiempo atrás había desafiado a los dioses robando el fuego del conocimiento y regalándoselo a la humanidad. Para castigarlo, Zeus lo ató a una roca. Cada día soportaba la tortura de que el águila de Zeus se comiera su hígado, que se regeneraba noche tras noche.

    Apiadándose del ladrón de fuego y creador de la humanidad, Heracles tensó su arco y mató al águila. Prometeo y Heracles sabían que se trataba sólo de un alivio temporal del interminable tormento infligido al titán. Pero cuando uno ya había sufrido durante años y años y estaba destinado a sufrir durante años y años, cualquier pequeño respiro era una misericordia divina.

    Mientras hablaban, Heracles habló a Prometeo de su búsqueda. Prometeo asintió sabiamente.

    "No debería decirte esto, pero ya que me has ayudado, me siento obligado a ayudarte a cambio", dijo Prometeo. "Sólo Atlas puede recuperar la manzana de oro del árbol del jardín de las Hespérides. Si debes traerle tres al rey Euristeo, entonces debes encontrar la manera de que Atlas recoja las manzanas por ti".

    Heracles agradeció a Prometeo sus consejos y emprendió de nuevo el viaje.

    Sin embargo, encontrar el jardín fue más difícil de lo que Heracles pensó en un principio. Sabía que estaba en el oeste, pero estaba bien escondido. Así que fue en busca del Viejo del Mar, una criatura acuática que cambiaba de forma y que respondía a cualquier pregunta que se le hiciera, siempre y cuando uno fuera capaz de sujetarlo mientras cambiaba de forma.

    Heracles no tardó en encontrar al Viejo del Mar. Heracles fue capaz de derribarlo con su poderosa fuerza. La criatura se movía entre varios seres diferentes, pero Heracles seguía sujetándolo, inmovilizándolo contra el suelo y rodeándole el cuello con los brazos.

    Finalmente, tras lo que pareció una eternidad, la criatura cedió y le dijo a Heracles dónde encontrar el jardín y a Atlas.

    Cuando Heracles llegó por fin hasta el titán que llevaba el cielo al hombro, le contó su situación y su misión de llevar al rey Euristeo tres manzanas de oro del jardín de sus hijas.

"Entiendo que debes completar esta tarea imposible para limpiar tu alma de ese pecado indecible, y comprendo por qué estás tan decidido a hacerlo", dijo Atlas. "Pero como puedes ver, tengo mi propia carga que soportar. No puedo abandonar mi puesto".

Heracles consideró la situación. "Soy hijo de Zeus. Como tal, aunque soy mortal, tengo su fuerza divina", dijo Heracles. "Llevaré los cielos sobre mis hombros mientras tú vas al jardín y recoges las tres manzanas de oro para mí".

Atlas miró a Heracles con desconfianza.

"¿Seguro que puedes hacerlo?".

"Soy el poderoso Heracles. He hecho diez trabajos imposibles hasta ahora. Puedo llevar tu carga también".

Y así, Atlas entregó a Heracles los cielos. En cuanto sintió aquel inmenso peso sobre sus hombros, a Heracles se le doblaron las rodillas. Gruñó y gimió, y le temblaron los brazos y las piernas. Le dolían la espalda y el cuello al esforzarse más que nunca para sostener el cielo. Atlas esperó un momento con la respiración contenida. Aunque Heracles luchó, no dejó que el cielo cayera.

"Realmente tienes la fuerza de Zeus, poderoso mortal", dijo Atlas con asombro. "De acuerdo. Iré a recoger las tres manzanas que me pediste".

Atlas hizo lo que le dijo, se dirigió al jardín de sus hijas y recogió las tres manzanas doradas con facilidad. Cuando Heracles lo vio acercarse, sonrió, aliviado.

"¡Has vuelto! Ahora ven, lleva tu carga una vez más para que pueda terminar mi búsqueda".

Pero Atlas negó con la cabeza. Aunque llevaba poco tiempo libre de su castigo, no soportaba la idea de volver a cargar con los cielos. Ahora que Heracles había demostrado que podía hacerlo, no veía razón alguna para no disfrutar de su libertad.

"He soportado ese castigo más tiempo del que puedas imaginar", dijo Atlas. "No volveré a someterme a él".

"Muy bien. Yo no he soportado ni una fracción de lo que tú, y ya me siento cansado", dijo Heracles. "Pero, ¿podrías al menos ayudarme a ajustar mi posición para estar más cómodo? Después de todo, no esperaba tener que sostener el cielo durante mucho tiempo".

Atlas estuvo de acuerdo. Colocó las tres manzanas en el suelo y levantó los cielos para que Heracles pudiera acomodarse en una posición más cómoda. Pero al hacerlo, Heracles rodó lejos de Atlas y de los cielos, agarrando las tres manzanas doradas y dejando que el poderoso titán cargara con su castigo una vez más.

Atlas y las hespérides [15]

Heracles regresó a Argos, y el rey Euristeo no se alegró al ver que Heracles había logrado completar otra tarea imposible. Sin embargo, en lugar de dejar que el cruel y cobarde rey se quedara con los frutos dorados, Heracles se los dio a Atenea, que los devolvió al jardín.

El duodécimo trabajo de Heracles fue quizás el más peligroso.

"Quiero que vayas al inframundo", dijo el rey Euristeo, conteniendo a duras penas una sonrisa burlona. "Y tráeme a su guardián, Cerbero, el sabueso de tres cabezas. Tráemelo vivo".

Heracles dudó. Sabía que tal tarea sería imposible. ¿Cómo podría ir al inframundo, tomar a su guardián y luego volver a la tierra de los vivos? Algo así no podía hacerse. ¿Pero no había hecho ya lo imposible once veces? Tal vez, si los dioses eran misericordiosos, podría hacer un duodécimo milagro.

"Muy bien", dijo Heracles. "Te traeré a Cerbero".

Antes de ir al inframundo, Heracles partió hacia Atenas. Sabía que podía iniciarse en los misterios eleusinos. Estos ritos sagrados se realizaban en honor de la diosa Deméter y su hija, la diosa Perséfone. Estos ritos darían a Heracles la capacidad de caminar a la otra vida y luego de vuelta al reino de los mortales. Nunca sabremos con certeza en qué consistían esos rituales, ceremonias o actos. La práctica de los misterios eleusinos era un secreto para todos, excepto para los iniciados en el culto.

Tras adquirir estos misteriosos conocimientos, Heracles partió hacia el inframundo. Le escoltaban Atenea y el dios Hermes, heraldo de los dioses y protector de viajeros, ladrones y mercaderes.

En primer lugar, Heracles fue recibido por Caronte, el barquero, que transportaba a las almas a través del río Estigia siempre y cuando pagaran la tarifa. Heracles no llevaba monedas, pero tras una explicación, Caronte permitió al mortal subir a su barca.

Una vez cruzado el río Estigia, Heracles fue recibido por el mismísimo Hades. Como ya había hecho en numerosas ocasiones, le explicó su situación y la tarea que se le había encomendado.

A Hades le hizo mucha gracia el cuento y el hecho de que pidiera llevar a su perro al mundo de los vivos.

"Muy bien", dijo Hades. "Puedes llevarte a Cerbero contigo si logras dominarlo sin usar ninguna de tus armas".

Heracles miró a la bestia gigante de tres cabezas que custodiaba las puertas del inframundo. Cada una de sus cabezas tenía afilados dientes que podían desgarrar fácilmente la carne de un hombre.

Heracles dejó a un lado su garrote y su espada. Se desabrochó el cinturón y dejó el escudo. Con nada más que sus manos desnudas, cargó contra Cerbero.

El sabueso de tres cabezas esquivó con facilidad el primer ataque de Heracles, demostrando que no sólo era poderoso, sino también inteligente. Hades lo observó con curiosidad. Tras conocer el terreno,

Heracles acorraló a Cerbero junto al río Aqueronte, sin dejarle ninguna vía de escape. Heracles volvió a la carga y, con su poderosa fuerza, dominó a Cerbero, luchando con él y sujetándolo hasta que se volvió dócil.

Grabado del siglo XVI de Heracles capturando a Cerbero [16]

Hades aplaudió la lucha de Heracles y le dio permiso para marcharse. Con el sabueso de tres cabezas a cuestas, Heracles regresó al mundo de los mortales y se dirigió directamente a Argos.

El rey Euristeo tembló de miedo en cuanto vio a Cerbero. Cayendo de rodillas, suplicó a Heracles que liberara a la bestia infernal. Con una sonrisa de satisfacción, Heracles hizo lo que el rey Euristeo le pedía, y Cerbero regresó al inframundo.

"He cumplido las doce tareas que me encomendaste. Aunque eran imposibles, he terminado todas y cada una de ellas. Me he ganado mi penitencia. He expiado el cruel asesinato de mi amada esposa y mis jóvenes hijos".

"Sí", dijo el rey Euristeo, incapaz de negar la verdad. "Sí, lo has hecho. Y ahora eres libre de tu servidumbre. Vete, y no dejes que te vuelva a ver".

Y así fue como Heracles pasó doce años expiando su pecado, pero a través de esos doce trabajos, limpió su alma y demostró su poder.

Muchos dicen que después de esta prueba, se ganó su divinidad. Otros dicen que tuvo que vivir muchas más aventuras antes de que se le concediera la inmortalidad. Independientemente de cómo continúe su historia, estos fueron los Doce Trabajos de Heracles.

Actividad 4: Cronología

Numera los doce trabajos de Heracles en el orden correcto.

( ) Matar a las aves de Estínfalo

( ) Capturar la cierva de Artemisa.

( ) Recuperar el cinturón de Hipólita

( ) Matar y despellejar al león de Nemea

( ) Robar tres manzanas de oro del jardín de las hespérides

( ) Traer vivo a Cerbero al reino de los mortales.

( ) Matar a la hidra de Lerna

( ) Limpiar los establos de Augías

( ) Trae el ganado de Gerión

( ) Capturar al toro cretense

( ) Capturar vivo al Jabalí de Erimanto

( ) Robar las yeguas de Diomedes

Capítulo 5: Jasón y los argonautas

A veces se dice que pocos héroes griegos tienen un final feliz. Ya sea por sus defectos fatales -la mayoría de las veces el orgullo- o por los caprichos de los dioses, los nombres que fueron venerados e inmortalizados por la mitología también sirvieron como historias de advertencia con lecciones que todos deberíamos tomarnos en serio.

El gran héroe Jasón no es una excepción a esta regla. Al oír hablar por primera vez de su vida, muchos se sorprenderían de los oscuros giros que toma. Lo que comienza como un relato aventurero de hermandad, con héroes que cruzan alta mar y se enfrentan a peligros increíbles para cumplir una misión, se convierte en una historia truculenta y sangrienta. Este relato tiene un final mediocre, algo que la gente de la antigua Grecia habría temido más que una muerte dolorosa y tortuosa.

Comenzamos esta historia con los acontecimientos que preceden al nacimiento de Jasón.

Había una vez un rey llamado Creteo que gobernaba la tierra de Yolco. Nombró heredero a su hijo Esón, pero cuando éste murió, Pelias, hermanastro de Esón, usurpó el trono. Encarceló a Esón. Esón se enteró de que su hermanastro pretendía matarlo, así que se quitó la vida, no queriendo dar a su verdugo la satisfacción de matarlo.

Esón estaba casado con la joven, bella e inteligente Alcimede, descendiente del dios Hermes. Alcimede estaba embarazada del hijo y heredero de Esón. A la muerte de Esón, el joven se convertiría en el heredero legítimo del trono de Yolco.

Afligida por la muerte de su amado esposo y temiendo por la vida de su hijo, Alcimede consiguió convencer a sus asistentes de que escondieran al recién nacido para salvarle la vida. Cuando Pelias irrumpió en la sala de partos exigiendo ver al bebé, los asistentes negaron con la cabeza.

"Ha muerto, mi señor", dijeron, sonando lo más compungidos posible. "El niño nació muerto. Ni siquiera respiró. Salió del vientre como si estuviera dormido".

Creyendo que la amenaza a su reinado había sido controlada, Pelias se marchó sin exigir ver el cadáver del niño ni organizar un funeral. En cuanto se marchó, los asistentes entregaron el niño a su madre y ella lo acunó en sus brazos.

"Aquí no estás a salvo", le dijo Alcimede al niño como si pudiera entenderla. "Mientras ese tirano viva, tu vida estará en constante peligro. Debo protegerte, aunque eso signifique tenerte lejos de mí".

Alcimede llamó a su hijo Jasón, y lo envió con Quirón, sabiendo que el sabio centauro sería capaz de preparar adecuadamente a Jasón para defenderse de Pelias en caso de que el hombre descubriera que su sobrino seguía vivo.

Pasaron los años y Jasón se convirtió en un joven fuerte y apuesto. Los años pasaron, y Pelias continuó siendo rey de Yolco. Era un tirano para su pueblo. También tenía la paranoia de que alguien le arrebataría el trono, igual que él se lo había arrebatado a su hermano.

Pelias confiaba a menudo en la sabiduría del oráculo, y siempre le preguntaba sobre posibles amenazas a su trono. Ella no decía nada. Un día, sin embargo, se hizo una profecía.

"Debes estar atento al hombre de una sandalia", dijo el oráculo. "Él será el responsable de tu perdición".

Desesperado por evitar su propio fin, Pelias rezó a los dioses, suplicando su ayuda y sacrificando el mejor ganado en su honor. Pelias rezó, suplicó y honró a todos los dioses del Olimpo excepto a uno: Hera, la diosa del matrimonio, las mujeres y la familia. Tal descuido ofendió naturalmente a la orgullosa diosa. Decidió que Pelias debía pagar por este insulto, y Jasón sería el instrumento con el que se vengaría.

Pasó el tiempo y Pelias celebró unos juegos atléticos en honor de Poseidón. Para entonces, Jasón estaba bien entrenado y listo para dejar atrás a su mentor. Estaba ansioso por enfrentarse al mundo por su cuenta y hacerse un nombre. Cuando llegó a sus oídos la noticia de la competición, decidió despedirse de Quirón e ir a Yolco.

En su camino, Jasón se encontró con una anciana indefensa que intentaba cruzar el río Anauro. Se acercó a ella con una sonrisa.

"Mi señora, veo que tiene problemas para cruzar el río", dijo. "Soy fuerte y joven. Estaré encantado de ayudarla si solicita mis servicios".

"Qué amable, joven", dijo la anciana. "Sí, me gustaría mucho recibir ayuda para cruzar este río".

Con la anciana a cuestas, Jasón cruzó el río sin dificultad. Sin embargo, perdió una de sus sandalias, que fue arrastrada por la corriente cuando llegó al otro lado del agua.

No se lo pensó y colocó a la anciana con cuidado en el suelo.

"Aquí tienes", dijo Jasón. "Si no le importa que le pregunte, ¿adónde va? ¿Quizás le gustaría una escolta que le lleve a salvo a su destino final?".

"No te preocupes por eso, joven", dijo la anciana. "Pero por tu ayuda, te daré una bendición de los dioses. Eres joven y fuerte, y los hombres como tú suelen enemistarse con tiranos deshonrosos. Te enfrentarás a muchas dificultades en tu vida, pero debes saber que los dioses estarán a tu lado".

Jasón agradeció a la anciana su bendición y ambos se separaron. Por supuesto, Jasón no sabía que la anciana era la diosa Hera disfrazada. Al darle su bendición, lo había proclamado su favorito.

En cuanto Jasón llegó a Yolco para competir en el juego, Pelias se dio cuenta de que era él de quien hablaba la profecía. Se enfrentó a Jasón. Jasón supo que era el legítimo heredero al trono y le reveló su identidad.

Pelias viendo a Jasón con una sola sandalia[17]

"Tú mataste a mi padre. Mi madre se vio obligada a enviarme lejos de mi hogar para protegerme", declaró Jasón. "Ahora he regresado a Yolco y pretendo competir en estos juegos y recuperar lo que es mío por derecho".

Pelias tenía miedo. Sabía que no podría ganar una pelea contra Jasón, que era mucho más joven y estaba mucho más en forma que él. Pero aun así deseaba evitar una muerte espantosa.

"¿Deseas tomar el trono para ti?" preguntó Pelias. "Muy bien, sobrino. No lucharé contra ti. Pero aún eres un hombre joven. No tienes hechos asociados a tu nombre. ¿No crees que el pueblo de Yolco merece un rey mejor que un joven recién salido de la instrucción?".

Jasón frunció el ceño. "¿Qué quieres decir? Si estás tratando de insultarme...".

"¡En absoluto! Simplemente quiero decir que tal vez necesites demostrar a tu pueblo que eres digno de ser su rey", dijo Pelias. "Ve en una búsqueda. Demuestra tu valía. Entonces, cuando vuelvas, te daré el trono".

"Muy bien. ¿Cuál es esa búsqueda de la que hablas?".

Pelias sonrió satisfecho. "Tu misión, Jasón, hijo de Esón, es traerme el vellocino de oro".

Jasón no dudó en aceptarlo.

Antes de hablar del viaje de Jasón en busca del vellocino de oro, debemos explicar qué es, cómo surgió y por qué era tan codiciado.

Érase una vez un rey llamado Atamante que gobernaba Beocia. Se casó con una ninfa de las nubes llamada Néfele. Tuvieron gemelos, un niño llamado Frixo y una niña llamada Hele. Con el tiempo, Atamante se enamoró de otra, una mujer llamada Ino, que era hija de Cadmo.

Néfele se sintió ofendida y abandonó Atamante y Beocia. Sus hijos permanecieron con su padre, incluso después de que éste tomara una nueva esposa. Tras la marcha de Néfele, una interminable sequía se apoderó de la tierra, provocando la pérdida de las cosechas y el hambre.

Ino sintió envidia de los dos niños y decidió asesinarlos. Convenció a su marido de que la única forma de acabar con la sequía era sacrificar a los dos niños a Poseidón. Ino llegó a sobornar al oráculo para que mintiera a su marido y al pueblo de Beocia. El oráculo dijo al pueblo que Ino tenía razón y que la única forma de acabar con la sequía era matar a los gemelos.

Pero Néfele seguía velando por sus hijos y envió un carnero de oro para rescatarlos del sacrificio. Cabalgaron a lomos del carnero mientras éste cruzaba el Mar Negro. Trágicamente, Hele cayó del lomo del carnero y se ahogó. El lugar donde murió Hele se conocía antiguamente como el Helesponto. Hoy se conoce como el estrecho de Gallipoli o los Dardanelos.

El carnero y Frixo llegaron a Cólquida, donde fueron recibidos por el rey Eetes. Puede que no conozcas el nombre de Eetes, pero sí el de su padre, Helios, y el de sus dos hermanas, Pasífae (la madre del

Minotauro) y la bruja Circe (que intervino en el viaje de Odiseo a casa tras la guerra de Troya). El rey Eetes tuvo tres hijos: dos hijas llamadas Medea y Calcíope y su joven hijo y heredero, Absirto. Recuerda estos nombres, que aparecerán más adelante.

El rey Eetes vio que Frixo y su hija Calcíope se habían enamorado. Les dio permiso para casarse. Para agradecer a Eetes que le permitiera casarse con su hija y que le acogiera en su casa, Frixo regaló a Eetes el carnero de oro. El carnero fue sacrificado y su lana dorada -el Vellocino de Oro- se colgó de una encina en un bosque sagrado para el dios Ares. El vellocino también estaba custodiado por un dragón.

Aunque es posible que nunca hayas oído hablar de esta historia, seguro que alguna vez te has topado con sus imágenes. El carnero dorado es el mismo que representa el signo zodiacal y la constelación de Aries.

Jasón habría estado familiarizado con partes de esta historia. Sabía dónde encontrarla, y también sabía que un viaje tan peligroso no podía hacerse solo.

Y así, tras aceptar la misión de Pelias, Jasón se dispuso a buscar compañeros para este viaje. Reunió una tripulación de cincuenta hombres, todos ellos tan fuertes, jóvenes y deseosos de hacerse un nombre como Jasón. Entre ellos se encontraban Heracles, cuya historia de los doce trabajos se incluye en esta colección, y el famoso Orfeo, un músico cuyo descenso a los infiernos para salvar a su amada Eurídice se recuerda como una historia de fe y confianza. También Peleo, cuyo hijo Aquiles se convertiría en héroe de la guerra de Troya, y Ergino, hijo de Poseidón, de quien se decía que podía caminar sobre el agua. Y, por supuesto, no podemos olvidar a la cazadora virgen Atalanta, que era una amiga muy querida de la diosa Artemisa.

Juntos, esta tripulación se hizo conocida como los Argonautas, llamados así por su majestuoso barco, el *Argo*. El barco recibió el nombre de su constructor, Argus. Se decía que el *Argo* era la galera más rápida en cruzar el Mar Negro. Atenea ayudó a diseñar la nave. Su proa estaba hecha de un roble perteneciente al oráculo de Zeus en Dodona. Se decía que estas características divinas dotaban al barco de poderes que hacían que quienes lo contemplaban vieran un monstruo gigantesco en lugar de un barco.

Un cuadro del Argo *pintado por Konstantinos Volanakis* [a]

Y así, Jasón y los argonautas partieron a través del mar Negro para recuperar el famoso vellocino de oro.

En la época en que transcurre este relato, no se podían hacer viajes tan largos de una sola vez. La tripulación debía detenerse con frecuencia. Esas paradas eran a menudo fuente de problemas. Los héroes se enfrentaban a muchos obstáculos que debían superar para llegar a su destino. Jasón y los argonautas no fueron una excepción.

Su primera parada fue la isla de Lemnos. Los argonautas no lo sabían entonces, pero la isla estaba poblada únicamente por mujeres. Hace mucho tiempo, los hombres caminaban por sus tierras. Sin embargo, las mujeres ofendieron a la diosa Afrodita al no adorarla como era debido. Ella maldijo a las mujeres con un hedor tan fétido que ninguno de los hombres se acercaría a ellas. Los hombres buscaron compañía en otra parte, traicionaron a sus esposas y abandonaron a sus familias. Furiosas, las mujeres asesinaron a todos los hombres, que ahora vivían bajo el dominio de la reina Hipsípila.

Cuando el *Argo* llegó a Lemnos, su tripulación fue recibida con un banquete. La reina Hipsípila prometió a Jasón que él y su tripulación podían quedarse todo el tiempo que quisieran.

Jasón y su tripulación permanecieron en Lemnos durante un año. Las celebraciones y las diversiones les hicieron olvidar su búsqueda. Muchos de los hombres tomaron a las mujeres de Lemnos como consortes y tuvieron hijos con ellas. Jasón durmió en la cama de Hipsípila y tuvieron gemelos. Es de suponer que la maldición de Afrodita había desaparecido.

Los únicos que resistieron tal tentación fueron Heracles, su amante, Hilas, y algunos otros. En lugar de unirse a las festividades de Lemnos, permanecieron en el *Argo*, a la espera de que el sentido volviera a sus compañeros para poder reanudar su búsqueda.

Pero a medida que transcurría el año, Heracles se dio cuenta de que sus amigos no recordarían su propósito. Marchó hacia Jasón, con su disgusto y furia claros.

"¿No tienes vergüenza?" preguntó Heracles. "¿Has olvidado por qué nos reuniste y por qué zarpamos?".

Jasón parpadeó ante Heracles, confuso. "¿Qué quieres decir?".

"Quiero decir que pareces haber olvidado nuestro propósito. O eso, o no tienes intención de cumplir nuestra misión", dijo Heracles. "Si es así, dímelo ahora. Me iré con mis hombres, y tú y los demás podéis quedaros aquí una eternidad".

"Heracles, por favor...".

"¡No! Se te encomendó una misión. Dijiste que recuperar el vellocino de oro demostraría que eres digno de ser el rey de Yolco", dijo Heracles. "¿Ya has renunciado a eso? ¿Pelias, el hombre que te robó el trono, va a llevar tu corona para siempre? Ha pasado un año desde nuestra llegada y no has dado muestras de estar dispuesto a marcharte".

Jasón suspiró. Asintió solemnemente, avergonzado.

"Tenéis razón. Perdimos de vista nuestro propósito. Nos quedamos aquí demasiado tiempo", dijo Jasón. "Gracias, amigo mío. Esta búsqueda se habría perdido sin ti".

Y así, Jasón y los Argonautas dejaron Lemnos.

A continuación se detuvieron en una tierra cuyo pueblo era conocido como los dolionios. Su rey se llamaba Cícico. Los dolionios acogieron a los argonautas en su hogar, ofreciéndoles cobijo e invitándoles a recoger provisiones para el viaje.

"Puedes quedarte todo el tiempo que necesites", dijo el rey Cícico. "Y os haremos sentir cómodos y felices. Descansa ahora, pues el viaje que te espera es largo".

Jasón agradeció al rey su hospitalidad. Él y los argonautas descansaron y se acomodaron entre los dolionios. Pronto se dirigieron al bosque para recoger provisiones.

Aunque el rey Cícico fue un anfitrión acogedor, se olvidó de decir a los argonautas que su pueblo no era el único que vivía en aquella tierra. Más allá de la montaña del Oso, había gigantes de seis brazos conocidos como los gegenees. Llevaban años aterrorizando a los dolionios.

Cuando los gegenees vieron el *Argo*, pensaron que debía de llevar mucha carga valiosa. Así que decidieron asaltarlos. Por desgracia para ellos, y afortunadamente para Jasón, Heracles y un puñado de hombres se habían quedado atrás para custodiar la nave. En cuanto vieron a los gigantes correr hacia ellos, sacaron sus espadas.

"¡Defiendan el *Argo*!" gritó Heracles. "¡No dejen que sobreviva ninguno de estos monstruos!".

Se desató una feroz batalla. Heracles y sus hombres consiguieron lo imposible: matar a la mayoría de los gegenees, a pesar de su mayor tamaño, fuerza y número de miembros. Los pocos supervivientes estaban tan aterrorizados por el hijo de Zeus que huyeron a las montañas para no volver a molestar al rey Cícico y a su pueblo.

"No puedo creerlo", dijo el rey Cícico. "Llevamos generaciones aterrorizados por esos monstruos. Ningún héroe ha logrado ahuyentarlos así. Por eso, tienes nuestra eterna gratitud".

Se celebró una fiesta en honor de Heracles y los argonautas que lucharon contra los gegenees. Lo celebraron durante días. Jasón y su tripulación tomaron todas las provisiones que pudieron cargar. Finalmente, llegó el momento de dejar a los dolionios y volver a su búsqueda.

Al menos, ése era el plan. A las pocas horas de navegar, el *Argo* se vio envuelto en una terrible tormenta. Jasón y su tripulación trataron de mantener el barco estable, pero las olas seguían empujándolos hacia atrás. Caía la noche, y seguían luchando por mantener su barco. Finalmente, fueron conducidos a una playa oscura.

Los argonautas no se dieron cuenta de que la tormenta les había hecho retroceder hasta las tierras de los dolionios. El rey Cícico y sus hombres no se dieron cuenta de que el barco no estaba lleno de asaltantes. Decididos a defender sus costas, sacaron sus espadas y cargaron. Los argonautas estaban decididos a defenderse de los atacantes. También sacaron sus espadas y se enfrentaron al bronce.

Se entabló una batalla. En la oscuridad, nadie podía decir que estaban luchando entre amigos. Los hombres caían al suelo, su sangre empapaba la arena, sus heridas eran lavadas por las olas saladas. Cuando empezó a amanecer y los primeros vestigios de luz pálida iluminaron el cielo, los dolionios vieron que estaban atacando a los argonautas. Los argonautas vieron que atacaban a los dolionios.

La lucha cesó de inmediato. No se guardaron rencor y recogieron a sus muertos. Fue entonces cuando se dieron cuenta de que el rey Cícico estaba entre los caídos. Era imposible saber de quién era la espada que le había quitado la vida.

Celebraron un funeral conjunto por todos los que perdieron la vida. La esposa de Cícico estaba tan apesadumbrada que se ahorcó.

Cuando los argonautas partieron esta vez, lo hicieron con el corazón encogido. Al menos el cielo estaba despejado, así que pudieron navegar por las aguas.

Todavía quedaba un largo camino por recorrer hasta que pudieran llegar a Cólquida. Su próxima parada tal vez les causaría su mayor pérdida.

A continuación se detuvieron en Pegea para descansar y comer. Fue entonces cuando Hilas, el amado de Heracles, deseoso de estirar las piernas tras un largo viaje, se paseó por el bosque. Exploró la tierra con la curiosidad que sólo se encuentra en los jóvenes.

Se encontró con un hermoso manantial de agua dulce. El manantial estaba rodeado de frondosos arbustos verdes y a la sombra de grandes árboles.

Tras quitarse la ropa, Hilas entró en el agua. Se quitó la sal de la piel. Bebió un poco del agua para calmar su sed. Y nadó para refrescarse del calor. Cuando se disponía a volver con sus amigos, oyó el sonido inconfundible de unas risitas.

"¿Quién va ahí?", preguntó. Miró a su alrededor y no vio nada. "¡Muéstrate!".

Las risitas continuaban, pero Hilas seguía sin ver a nadie.

"Sé que estás ahí", dijo, esta vez más alto. "Te oigo. Si no tienes mala intención, no tienes por qué esconderte".

Las risitas no cesaron, pero Hilas pudo ver por fin su origen. Hermosas ninfas acuáticas, conocidas como náyades, aparecieron alrededor del manantial. Sonrieron a Hilas y batieron las pestañas.

"No hay necesidad de ser tan grosero, hermoso héroe", dijeron. "No queremos hacer daño".

"Mis disculpas", dijo Hilas. "No era mi intención ofender".

"Disculpa aceptada", dijeron, entrando en el agua. "Con la condición de que nades con nosotros un rato más".

Hilas frunció el ceño. "No debería. Tengo que volver a mi nave y a Heracles".

"Un poco más no cambiará nada", dijeron, nadando hacia él. "¿Por favor? Te acomodaste en nuestro manantial. Bebiste nuestra agua y te lavaste. Lo menos que puedes hacer es jugar un poco con nosotros, oh hermoso héroe".

Hilas seguía dudando, pero las náyades estaban a su lado. Sus dedos rodearon su muñeca con un suave apretón y rieron mientras le animaban a adentrarse más y más en el agua.

"Sólo un poco más, hermoso héroe".

Hilas y las ninfas [19]

A estas alturas, Hilas estaba demasiado débil para resistirse al encanto de las náyades. Las siguió al agua y ellas rieron encantadas. Por un momento, su juego fue tan inocente como el de unos niños nadando juntos bajo el sol del verano.

Una de las náyades se acercó a Hilas. Le rodeó los hombros con los brazos, apretando su cuerpo contra el de él.

"Oh, hermoso héroe. No nos dejarás, ¿verdad?".

Hilas miró a su alrededor y vio que las demás Náyades lo habían rodeado.

"No nos dejarás, hermoso héroe. Porque no te dejaremos".

Y juntas, todas las náyades arrastraron a Hilas bajo el agua.

Heracles empezaba a preocuparse por el paradero de su compañero favorito. Sabía que Hilas era un luchador capaz, que le había enseñado mucho durante el tiempo que pasaron juntos. Pero también sabía que Hilas no era de los que pasaban tanto tiempo lejos de él, especialmente en una tierra desconocida con peligros desconocidos.

"Voy a buscar a Hilas", dijo Heracles a Jasón. "Volveré en cuanto lo encuentre".

Pero Heracles no pudo encontrarlo. Buscó a Hilas todo el día y toda la noche. Cuando llegó el mediodía del día siguiente, seguía sin ver rastro de su querido amigo. Con cada minuto que pasaba, su preocupación aumentaba. Estaba seguro de que algo horrible le había ocurrido a Hilas.

Finalmente, llegó el momento de que el *Argo* partiera.

"No puedo ir", dijo Heracles. "No sin Hilas".

"¿Estás seguro, Heracles?" preguntó Jasón. "Si aún no lo has encontrado, existe la posibilidad de que nunca lo hagas".

"No me rendiré. No me iré de aquí hasta que lo encuentre".

"Entonces nos quedaremos contigo", dijo Jasón.

Pero Heracles negó con la cabeza.

"No. Vete, amigo mío. Tienes tu búsqueda que cumplir, y no me necesitas para ello. Tengo que encontrar a Hilas. Me temo que este es el lugar donde nuestros caminos deben separarse".

"Muy bien".

Heracles y Jasón se desearon suerte y se despidieron. El *Argo* partió sin el argonauta más poderoso. Heracles nunca volvería a ver a Hilas. El camino de Jasón estaría lleno de más peligros y oscuridad de los que jamás hubiera imaginado.

Su siguiente parada fue Salmydessus en Tracia. Su rey, Fineo, era un vidente ciego. Apolo le había dado el don de la profecía. Sin embargo, en su predicción del futuro, ofendió a Zeus, quien lo castigó por el insulto.

"Bienvenidos, grandes héroes", dijo el rey Fineo una vez que Jasón y los argonautas llegaron a su palacio. "Espero que disfruten de su estancia en Salmydessus".

Jasón y los argonautas se dieron cuenta de que al rey le pasaba algo. Parecía enfermo. Su piel era demasiado pálida y su cuerpo demasiado frágil. Pero se callaron, no querían ofender a su anfitrión.

"Le agradecemos su hospitalidad, Majestad", dijo Jasón. "Y si hay algo en lo que podamos ayudar, no dude en pedírnoslo".

"De hecho, hay algo que puedes hacer por mí", dijo el rey Fineo. "Y a cambio, yo también te daré algo".

Fue entonces cuando el rey Fineo contó a Jasón y a los argonautas el castigo que le habían infligido. Cada vez que se sentaba a comer, las arpías -unos monstruos mitad humanos y mitad pájaros, conocidos por algunos como "los sabuesos de Zeus"- bajaban a ensuciarlo todo.

"Aunque intente comerme un melocotón en la intimidad de mis aposentos, las arpías entrarán volando y me lo robarán de la mano antes de que pueda siquiera darle un mordisco", dijo el rey Fineo. "Como puedes ver, me estoy marchitando. No estoy seguro de cuánto más podré durar".

Los argonautas quedaron horrorizados por la historia y prometieron ayudar al rey Fineo. El rey les contó que, en su visión, los hijos de Bóreas, el viento del norte, eran los que le salvarían de su tormento.

Fue entonces cuando dos de los argonautas salieron de entre la multitud. Se llamaban Calais y Zetes, y eran conocidos como los Boréadas (los hermanos del viento).

"Estaremos encantados de ayudarle, Majestad", dijeron los hermanos.

Y así, se ideó un plan. Durante un banquete, Calais y Zetes montaron guardia junto al rey Fineo, uno a cada lado. Efectivamente, en cuanto colocaron un plato de comida delante del rey, las arpías bajaron y robaron la comida. Escupieron sobre lo poco que quedaba, haciéndolo tan asqueroso que ni siquiera los héroes pudieron ocultar su repugnancia.

Pero en lugar de dejar que las arpías se marcharan volando, los hermanos del viento las persiguieron con las espadas desenvainadas. Alcanzaron a las arpías y lucharon contra ellas. Estaban a punto de asestarles un golpe mortal cuando Iris, la diosa del arco iris, les ordenó que se detuvieran. Las arpías eran siervas de Zeus y matarlas enfurecería al dios. Prometió que las arpías dejarían de atormentar al rey Fineo.

En señal de gratitud, el rey Fineo dio a Jasón y a los argonautas unas palabras de sabiduría.

"Su objetivo es llegar a Cólquida, ¿no es así?" preguntó Rey Fineo. "¿Estás tras el vellocino de oro?".

"Sí, esa es nuestra búsqueda".

"Debes tener cuidado. Aunque tu viaje a Cólquida pronto llegará a su fin, estás a punto de enfrentarte a la parte más peligrosa de tu viaje", dijo el rey Fineo. "Para llegar a Cólquida, tendréis que atravesar las Simplégades".

Las Simplégades, también conocidas como las rocas chocantes, marcaban la entrada al Mar Negro. Estas rocas eran de granito y medían cien veces su altura. Se decía que eran los guardianes de la región. Cada vez que un navío intentaba atravesarlas, se cerraban de golpe, matando a todo ser vivo que se interpusiera entre ellas. El movimiento era tan violento y agresivo que creaba olas feroces. Ni siquiera la criatura marina más poderosa de Poseidón podía superarlas. Una tripulación prudente las rodearía, pero, por desgracia para Jasón y los argonautas, no había forma de llegar a Cólquida sin pasar por aquel estrecho.

"Lleva contigo una paloma", instruyó el rey Fineo. "Y justo cuando estés a punto de acercarte a las rocas, suéltala. Volará entre las rocas y éstas se cerrarán. Así podrás ver lo rápido que debes ir para cruzar con éxito las Simplégades".

Jasón y los argonautas agradecieron al rey Fineo su ayuda y sabiduría. Permanecieron en Salmydessus unos días más antes de emprender de nuevo el viaje, paloma en mano.

Se acercaron al Simplégades. Aunque el rey Fineo les había advertido de su poderío, ninguna palabra podría haber preparado a la tripulación para el magnífico espectáculo que tenían delante. Las rocas eran más altas que altas y más largas que largas. Los lados se enfrentaban perfectamente verticales.

La tripulación redujo la velocidad del *Argo*, acercándose todo lo posible y manteniendo al mismo tiempo una distancia de seguridad. Entonces Jasón soltó la paloma. Tal como dijo el rey Fineo, la paloma voló entre las rocas.

Los Argonautas frente a los Simplégades [20]

Empezaron a vibrar. Luego, se cerraron de golpe. Pero la paloma voló más rápido que las Simplégades, llegando sana y salva al otro lado sin perder más que una pluma.

Jasón lo observó y calculó la velocidad a la que tendrían que remar. Los argonautas se miraron, aprensivos. Orfeo, que con los tambores marcaba el ritmo a los remeros, respiró hondo. A la señal de Jasón, empezaron a abrirse paso a través de las Simplégades.

Nunca antes ni nunca después el *Argo* navegó tan rápido. Los remeros remaban con todas sus fuerzas, ignorando el dolor de sus músculos, esforzándose por ver a través del sudor que rodaba por sus rostros.

Sin embargo, incluso lo mejor de sí mismos podría no haber sido suficiente para atravesarlo. Al ver su difícil situación, la diosa Atenea utilizó sus poderes divinos para detener las rocas y que el *Argo* tuviera tiempo suficiente para atravesar el estrecho. Tan pronto como estuvieron a salvo, la fuerza de la diosa cedió y las rocas se cerraron para no volver a abrirse.

Y así, Jasón y los Argonautas finalmente llegaron a Cólquida.

Allí fueron recibidos por el rey Eetes, su hija Medea y su joven hijo y heredero, Absirto, que aún era un niño.

"Bienvenido, Jasón de Yolco", dijo el rey. "Imagino que tu viaje a nuestra tierra fue largo y peligroso. Debes estar exhausto".

"Así es, Majestad, así es", dijo Jasón. "Pero estamos decididos a completar nuestra búsqueda".

"Sí, sí. Pero podemos discutir los asuntos de tu búsqueda más tarde", dijo el Rey Eetes. "Por ahora, demos un banquete, y deja que tus hombres descansen. Mañana, vamos a discutir cómo puedo ayudarte en tu búsqueda".

Jasón y los argonautas agradecieron al rey Eetes su hospitalidad. Se dieron un festín y descansaron, pero no sabían que el rey Eetes no tenía intención de ayudarles a conseguir el vellocino de oro. Verás, hace mucho tiempo, el rey Eetes había oído una profecía de que Jasón sería el que provocaría la caída de Cólquida.

Para evitarlo, el rey decidió encomendar a Jasón tres tareas imposibles de cumplir antes de permitirle coger el vellocino de oro. El astuto rey esperaba que estas tareas mataran al héroe y evitaran que la tragedia golpeara su reino.

Cuando Jasón se enteró de estas tres tareas, las aceptó con valentía, aunque por dentro estaba preocupado. ¿Qué clase de desafíos le tenía preparados Eetes? Jasón sabía que serían de naturaleza mortal, ya que el rey intentaría cualquier cosa para conservar el vellocino de oro.

"¿Cómo voy a hacer esto? ¡Seguro que me muero! Oh, dioses, ¿qué debo hacer?".

Hera escuchó las preocupaciones de su campeón y acudió a Afrodita en busca de ayuda. Juntas, las dos diosas crearon un amuleto que enamoraría perdidamente a quien lo recibiera.

"Hemos oído tus súplicas de orientación y ayuda, Jasón. Estamos aquí con la respuesta a tus problemas", dijo Hera.

"Toma este amuleto y dáselo a la princesa Medea", dijo Afrodita. "Cuando lo reciba, se enamorará locamente de ti. Hará todo lo que esté en su mano para ayudarte a completar esas tareas y conseguir el vellocino de oro".

Jasón dio las gracias a las dos diosas y siguió sus instrucciones.

Efectivamente, en cuanto Medea recibió el amuleto, la atracción que ya sentía hacia el héroe se intensificó, convirtiéndose en un amor que la consumía por completo. Tal y como las diosas habían predicho, Medea juró hacer todo lo que estuviera en su mano para ayudar a Jasón, incluso si eso significaba ponerse en contra de su propio padre.

Medea pintada por Anselm Feuerbach[11]

Medea no era una princesa cualquiera. Era una sacerdotisa de la diosa Hécate, la diosa de la brujería. Al igual que su tía Circe, era una poderosa hechicera. Era una gran aliada y una enemiga aún más peligrosa, pero estaba decidida a usar su magia para ayudar a Jasón.

"Ahora, Jasón, si insistes en continuar con esta búsqueda, tendrás que completar las tres tareas que te asigno", dijo el rey Eetes. "¿Todavía deseas seguir adelante con esto?".

Jasón miró a Medea, que le hizo un gesto con la cabeza.

"Sí, quiero".

"Muy bien", dijo el rey Eetes. "Tu primera tarea es arar un campo con los calcotauros".

Jasón aceptó la tarea sin vacilar.

Ahora, los calcotauros eran grandes toros que escupen fuego que Eetes había recibido de Hefesto, el dios de los herreros y artesanos. Sin que el rey Eetes lo supiera, Medea sabía qué tarea le daría a Jasón. La noche anterior le había contado el plan de su padre y le había dado una poción mágica.

"Esto te protegerá del fuego", le dijo a Jasón. "Extiéndelo por tu cuerpo como si fuera un ungüento. Una vez que seas invulnerable a su fuego, los calcotauros serán como cualquier otro toro".

Jasón hizo lo que Medea le había ordenado la noche anterior. Efectivamente, cuando los toros soplaron fuego en su dirección, las llamas rozaron su piel como si fueran agua. Jasón ni siquiera podía sentir su calor. Entonces utilizó su gran fuerza para domar a los dos toros y arar fácilmente un campo, tal y como le había pedido el rey Eetes.

"Hiciste bien con tu primera tarea, Jasón", dijo el rey Eetes. "Pero descubrirás que la segunda no será tan fácil".

"Me sentiría decepcionado si no fuera así", dijo Jasón.

"Muy bien. Para tu segunda tarea, quiero que siembres el campo que acabas de arar con dientes de dragón".

Una vez más, Jasón aceptó la tarea sin vacilar. Y una vez más, Medea sabía lo que su padre había planeado. Ella instruyó a Jasón sobre la mejor manera de superar este obstáculo.

"Cuando hundas los dientes de dragón en la tierra, los espartos surgirán del suelo", dijo Medea. "Debes confundirlos. Así, se atacarán entre ellos, derribándose a sí mismos. Entonces podrás derrotar fácilmente al que quede".

Los espartos, cuyo nombre significa literalmente "hombres sembrados", eran grandes guerreros que surgían de la tierra cada vez que se plantaban dientes de dragón en ella. Aunque Jasón era un luchador feroz, ni siquiera él podía derrotar a un gran ejército por sí solo. La ayuda de Medea le salvó la vida.

Tal y como Medea le había dicho, en cuanto Jasón clavó los dientes de dragón en el suelo, los espartos se levantaban. Rápidamente, antes de que tomaran conciencia de su entorno, Jasón hizo rodar una roca gigante en medio del campo. Esto logró confundir a los guerreros, que se atacaron entre sí hasta que sólo quedaron cinco. Jasón fue capaz de vencerlos con facilidad.

"Bien hecho, Jasón", dijo el rey Eetes. "Ya has completado dos tareas".

"Sí. Y planeo completar la tercera también".

"¿Estás seguro de que esto es lo que deseas? Aún estás a tiempo de abandonar esta tontería".

"Dígame la tercera tarea, Su Majestad".

"Muy bien", dijo el rey Eetes. "Quieres llevar el vellocino de oro contigo a Yolco, ¿no es así? Muy bien. Si ese es tu deseo, entonces tu tercera tarea es conseguirlo tú mismo. Si puedes pasar al dragón que custodia el vellocino y agarrarlo, entonces será tuyo".

Por tercera vez, Jasón no dudó en aceptar la tarea.

Sin embargo, esta tarea le asustaba más que las otras. Había visto la arboleda donde se guardaba el vellocino de oro, y había visto al dragón que lo custodiaba. Jasón era un gran guerrero, pero vencer a un dragón sería todo un reto.

"No te preocupes por eso, mi amor", dijo Medea. "Ten tu barco listo para partir. Iremos a la arboleda esta noche y recuperaremos el vellocino delante de las narices del dragón".

"No sé cómo piensas hacer esto, pero aún no me has fallado", dijo Jasón. "Gracias por toda tu ayuda".

"Si quieres agradecérmelo, llévame contigo cuando abandones Cólquida", dijo Medea. "Déjame ser tu esposa".

"Por supuesto. No se me ocurriría casarme con nadie más que contigo, mi amor".

¿Realmente Jasón quería decir esas palabras? ¿La amaba? ¿O sólo estaba utilizando a Medea? A día de hoy, muchos debaten si el afecto de

Jasón era verdadero y si se agrió con el tiempo o si nunca existió en primer lugar. Tal vez Jasón nunca encontró una buena manera de abandonar a la poderosa hechicera que le ayudó en su búsqueda.

Independientemente de la verdad, en aquel momento Jasón no podía saber que esas palabras le condenarían a una vida de miseria y soledad. Pero eso es algo que vendrá más adelante en nuestra historia.

Cayó la noche, y tal como Medea le había ordenado, Jasón preparó el *Argo* para partir en cualquier momento. Se reunió con la hechicera, y los dos se colaron en la arboleda sagrada de Ares. La luna llena había salido, bañando sus alrededores con su pálida luz. Bajo su mirada, el vellocino de oro brillaba maravillosamente.

Los dos se escondieron detrás de un arbusto, con los ojos fijos en el dragón que observaba atentamente su entorno.

Jasón desenvainó su espada.

"¿Cómo derrotamos a este dragón?" preguntó Jasón. "Comparte conmigo tu sabiduría, y seguiré tu consejo como he hecho siempre".

Medea sonrió. Puso su mano en la muñeca de Jasón, bajando su espada.

"Lo vencemos si no nos enfrentamos a él", dijo Medea. Luego le mostró un frasco que había traído consigo. "En cuanto el dragón huela esto, caerá en un profundo letargo. Lo mantendré bajo mi encantamiento, dándote tiempo de sobra para recoger el vellocino y ponerte a salvo".

"¿Estás segura de que funcionará?".

"¿Te han fallado mis planes alguna vez, Jasón?" preguntó Medea. "Confía en mí cuando digo que sé lo que estoy haciendo".

Jasón asintió. "Tienes razón. Confío en ti".

Medea se levantó y se dirigió al centro de la arboleda. Jasón contuvo la respiración. El dragón la vio, pero tal vez porque estaba familiarizado con la princesa, no la atacó. Más bien, se acercó a ella con sospechosa curiosidad. Fue entonces cuando Medea sacó su frasco y quitó la tapa. Frunció los labios y sopló suavemente sobre la abertura de la tapa.

En cuanto el dragón olió el aroma de la poción, sus ojos se nublaron y se volvieron pesados. Parpadeó, tratando de mantenerse consciente, pero era una batalla perdida. Pronto se quedó dormido.

Jasón esperó cinco minutos antes de abandonar el arbusto. Medea permaneció en el centro de la arboleda, sosteniendo aún su poción somnífera, mientras Jasón cogía el vellocino de oro y salía con cuidado de la arboleda. Medea esperó hasta que estuvo a una distancia segura para seguirlo.

Esa misma noche, Jasón y los argonautas esperaban a Medea en el *Argo*. Estaban a punto de marcharse sin ella cuando Medea apareció con su hermano pequeño, Absirto. Cuando Jasón le preguntó por qué lo traía, Medea sólo le suplicó que confiara en ella.

Tal vez Jasón no debería haberlo hecho. Tal vez muchas vidas inocentes se habrían salvado si él le exigía a Absirto quedarse atrás. Tal vez mucha miseria, sufrimiento y derramamiento de sangre podría haberse evitado. Pero Jasón confiaba en Medea, por lo que asintió. Medea y Absirto abordaron el *Argo*.

Mientras se adentraban en la noche, vieron cómo el rey Eetes se daba cuenta de lo que había ocurrido. Reunió a sus hombres y comenzó a perseguir a Jasón y a los argonautas. Fue entonces cuando Medea se volvió hacia su hermano pequeño y le clavó un cuchillo en el corazón, matándolo al instante.

"¿Qué estás haciendo?" exigió Jasón, horrorizado.

"Asegurándome de que mi padre no nos siga".

Con terrible frialdad, Medea procedió a cortar la cabeza, los brazos y las piernas de su hermano pequeño. Arrojó cada trozo por la borda para que flotara entre las olas. Cuando uno de los trozos flotó hasta Eetes, éste lanzó un grito de angustia.

"¡Mi hijo! ¡Mi pequeño! ¡Mi dulce Absirto!". Se llevó el trozo al corazón, sollozando, sin importarle que su ropa estuviera ahora cubierta de sangre. "¡Deténganse! ¡Dejen

El vellocino de oro

de perseguirlos! ¡Coged el cuerpo de mi pequeño! ¡Recuperad cada pieza para que pueda descansar como es debido!".

Los hombres del rey Eetes dejaron de perseguir el *Argo*. En su lugar, ahora buscaban los trozos del cadáver del principito.

Jasón, Medea y los argonautas habían recuperado con éxito el vellocino de oro y ahora podían regresar a Cólquida. Y como se puede imaginar, este es el punto en que nuestra historia de aventuras se vuelve sombría.

Al igual que se habían enfrentado a muchos obstáculos viajando a Cólquida, se enfrentaron a muchos obstáculos en su camino de regreso a Yolco. El primero de ellos fueron las sirenas, junto a las islas agudas y rocosas de *Sirenum Scopuli*.

Es posible que haya oído hablar de las sirenas alguna vez. Había varios tipos de sirenas, y estas se parecían más a los pájaros que a los peces. Algunos afirman que tenían cabeza de mujer y el resto del cuerpo parecía un pájaro. Otros dicen que eran hermosas y seductoras con cuerpo de mujer humana. Lo cierto es que tenían alas gigantes que les permitían volar hacia el cielo. Independientemente de su aspecto, la mayoría de los relatos coinciden en que las sirenas eran peligrosas. Vivían en Sirenum Scopuli y atraían a los marineros con sus cantos seductores, atrayéndolos a la muerte.

Por suerte para los argonautas, el primero de su tripulación en escuchar su canción fue Orfeo. Algunos afirmaban que había heredado sus dotes musicales de Apolo o de la musa Calíope. En cuanto el legendario cantante se dio cuenta de lo que estaba ocurriendo y de dónde se encontraban, sacó su lira y empezó a tocar y cantar la canción más hermosa y estridente que se le ocurrió.

En efecto, la música de Orfeo era tan encantadora y sonora que ahogó el hechizo de las sirenas. Nadie cayó presa de su canto, y el *Argo* pudo pasar a salvo por Sirenum Scopuli sin perder a ningún tripulante.

Tras eludir con éxito a las Sirenas, el *Argo* se detuvo en Creta. Aunque esperaban tener una estancia pacífica, pronto se enfrentaron al Talos.

El Talos era un gigantesco autómata de bronce creado por Hefesto. Se lo regaló a Minos para que protegiera su isla de piratas e invasores. Se dice que la máquina, que se movía sola, medía al menos treinta metros de altura. Estaba llena de icor, la sangre dorada de los dioses, que se mantenía dentro de su forma gracias a un único clavo en la nuca.

En cuanto el Talos vio que el *Argo* se acercaba en la distancia, cogió rocas y las lanzó contra la nave. Aunque falló, sus ataques hicieron que las aguas se volvieran violentas y casi imposibles de navegar.

"No podemos seguir haciendo esto para siempre", dijo Jasón. "Las aguas están demasiado agitadas para escapar, y si nos quedamos aquí, sólo será cuestión de tiempo que esa criatura gigante consiga golpear el *Argo*".

"Entonces no intentaremos escapar y no nos quedaremos aquí", dijo Medea. "Acércanos al autómata. Tengo una manera de derrotarlo".

"¿Estás segura? Si te equivocas, podría acabar costándonos la vida a todos".

"¿Te han fallado algunas vez mis planes, Jasón?" preguntó Medea. "Confía en mí cuando digo que sé lo que estoy haciendo".

Jasón dudó. Sin duda, pensó en la última vez que Medea tuvo un plan. Implicaba derramar sangre inocente. Pero entonces, el Talos lanzó otra roca, ésta casi golpea el barco. Una ola gigante se estrelló contra las cubiertas, casi arrastrando a parte de la tripulación a las agitadas aguas. Necesitaban una solución rápida. ¿Qué otra opción tenía Jasón que confiar en Medea?

"Bien", dijo Jasón. "Te acercaremos a la Talos. Haz lo que debas para ayudarnos a sobrevivir a esto".

Jasón ordenó a los remeros que remaran más rápido y se acercaran lo más posible al Talos. Aunque los hombres se mostraron escépticos, siguieron sus órdenes. Medea estaba de pie en la cubierta, con los hombros echados hacia atrás y la barbilla levantada.

Medea cerró los ojos. Murmuraba algo en voz baja, las palabras caían de sus labios en un bucle constante. Justo cuando el Talos se disponía a lanzar otra enorme roca contra el *Argo*, el aire se enfrió. Una niebla que no debería existir rodeó la nave y al gigantesco autómata. Los argonautas respiraron entrecortadamente y se les erizó el vello de la nuca. Algo no iba bien. No, algo no estaba bien. Algo parecía maligno, violento y prohibido.

Un fuerte chillido desgarró el aire. Los hombres se taparon los oídos. Talos también. Sólo Medea mantuvo la compostura. Sin embargo, su quietud parecía más siniestra que confiada.

Fue entonces cuando apareció la primera ker. Se abalanzó desde el cielo, volando alrededor de la cabeza del Talos. Entonces, aparecieron más keres. Eran espíritus de la muerte femeninos. Eran hijas de Nix, la noche, y Erebus, la oscuridad. Venían del inframundo. Su nombre significa "perdición", y se decía que les atraían las muertes violentas y dolorosas. Se decía que las keres eran como buitres, que esperaban la muerte de los humanos para darse un festín con los miserables muertos.

Se arremolinaron alrededor del Talos, lanzando su grito impío. No podían matarlo, pero su presencia era desconcertante. El Talos no pudo rechazarlas. Al intentar repelerlas, el Talos resbaló.

Algunos dicen que eso fue suficiente para desprender el clavo que mantenía contenido su icor, matando al Talos. Otros dicen que Medea aprovechó la caída del Talos para quitarle el clavo con sus propias manos. Independientemente de la versión de la historia que prefieras creer, el resultado sigue siendo el mismo: una vez retirado el clavo, el icor se drenó. El Talos ya no existía.

La muerte del Talos

Llegar a Yolco debería haber sido motivo de celebración. La búsqueda se había completado, y el vellocino de oro y el trono pertenecían a Jasón. Cada uno de los argonautas regresó a sus hogares, listo para continuar con sus propias aventuras. Pero Jasón no encontró motivo de celebración. La madre de Jasón había muerto mientras él estaba fuera. Pelias seguía en el trono, y su tiranía era más cruel que nunca. Para Jasón, que era más sabio y maduro que cuando partió en su búsqueda, estaba claro que su tío no renunciaría voluntariamente a su poder.

Lleno de ira, dolor y deseo de venganza, Jasón se dirigió a Medea.

"Nunca me has fallado, Medea", dijo. "No me importa cómo lo hagas. Castiga a ese tirano por su maldad. Asegúrate de que yo tenga el trono que por derecho me pertenece".

Medea sonrió.

"Si eso es lo que deseas, mi amor, entonces eso es lo que haré por ti".

Disfrazada de sacerdotisa de Artemisa, Medea se infiltró en el palacio. Se hizo amiga de las tres hijas de Pelias, que lamentaban abiertamente la vejez de su amado padre.

"Ya no puede mantenerse despierto como antes", dijo la primera. "Me duele el corazón ver a uno que antes era tan activo luchar por mantenerse despierto durante todo un festín".

"Olvida nombres, fechas y oraciones", dijo la segunda. "Me duele el corazón al hablar con él y ver que no me reconoce".

"Le duelen los huesos y le traicionan los músculos", dijo la tercera. "Me duele el corazón al ver que su propio cuerpo le causa tanto sufrimiento".

"Oh, lo que daríamos por ver a nuestro padre recuperar su juventud y ser feliz y estar sano", se lamentaron las tres hermanas.

Al oír sus penas, Medea se acercó a ellas.

"Si de verdad desean devolverle la juventud a tu padre, yo puedo ayudarles".

Las tres hijas se mostraron escépticas. Entonces, Medea las invitó a reunirse con ella por la noche, para demostrarles que sus palabras eran ciertas.

Cuando las tres hijas se reunieron con Medea más tarde esa noche, ella tenía un viejo carnero y un caldero lleno de un elixir especial. La hechicera estaba removiendo su contenido cuando llegaron las tres jóvenes.

"Espero que no les importe que ya haya empezado con la poción", dijo Medea. "Tarda un poco en prepararse".

"No nos importa", dijeron las hijas. "Dijiste que podías mostrarnos pruebas de tu magia rejuvenecedora. ¿Y bien? ¿Qué estáis esperando?".

Medea sonrió. Sacó un cuchillo y mató al viejo carnero, degollándolo hasta que se desangró. Luego cogió el cadáver y lo vertió en el caldero. Lo agitó tres veces hacia la izquierda, luego tres veces hacia la derecha, y después vertió su contenido en el suelo.

Las tres mujeres jadearon. Una vez que el elixir se disipó, vieron a un joven cordero que caminaba con sus miembros torpes, lleno de vida.

"¿Me crees ahora?" preguntó Medea.

Al principio, las tres hijas estaban demasiado sorprendidas para decir nada. Luego asintieron y rogaron a Medea que ayudara a su padre.

"Muy bien entonces", dijo Medea. "Pero deben seguir mis instrucciones al pie de la letra".

Las tres jóvenes hicieron lo que les decían. Al día siguiente, drogaron a Pelias para que cayera en un profundo sueño esa noche. Medea les dio el caldero con el elixir. Una vez hechos los preparativos, las tres hijas fueron al dormitorio de su padre. Una le cogió la mano derecha y la segunda la izquierda. La tercera se sentó a horcajadas sobre el cuerpo de su padre y le clavó el cuchillo en el pecho una y otra vez hasta que la sangre empapó sus vestidos y sus sábanas.

Las tres cargaron juntas el cuerpo y lo echaron dentro del caldero. Tal como vieron hacer a Medea, lo agitaron tres veces hacia la izquierda y luego tres veces hacia la derecha. Pero cuando vertieron el contenido en el suelo, no fueron recibidas por una versión más joven de su padre. Todo lo que vieron fue un cadáver mutilado. El elixir que supuestamente les había dado Medea no era una poción mágica, sino un simple guiso. Las tres hijas no habían devuelto la juventud a su padre. Habían cometido parricidio (el acto de cuando un hijo mata a su padre). El trono pertenecía ahora a Jasón.

Pero, por supuesto, las cosas no podían permanecer así para siempre. Pelias tenía hijos. Cuando se enteraron de lo sucedido a su padre, juraron vengarlo. Jasón y Medea fueron expulsados de la ciudad y se fueron a vivir al exilio en Corinto.

Nuestro relato terminaría con una nota más feliz si lo acabáramos aquí, pero aún queda más. Por un tiempo, las cosas parecían ir bien. Jasón y Medea tenían hijos, al menos dos hijos y una hija. Podrían haber sido felices juntos si Jasón no se hubiera enamorado de la princesa de Corinto, Creúsa.

Cuando Jasón anunció su compromiso con la hija del rey Creonte, Medea se puso furiosa.

"¿Cómo has podido hacer esto? ¿No soy la madre de tus hijos? ¿No soy tu esposa?".

"Nunca nos casamos", dijo Jasón.

"Me dijiste que sería tu esposa", gritó Medea. "Después de todos estos años, ¿así es como me pagas? ¿Después de todo lo que he hecho por ti?".

"¿Todo lo que has hecho por mí?".

"Te ayudé con las tres tareas que necesitabas completar para conseguir el vellocino de oro", dijo Medea. "Te ayudé a escapar de los hombres de mi padre. Te ayudé a pasar el Talos, ¡y te di el trono de Yolco!".

"¡Y tus métodos nos forzaron al exilio!" respondió Jasón.

"¡Deberías agradecerme todo lo que hice por ti!".

"¿Darte las *gracias*?" Jasón se rio. "Si debo agradecer a alguien, es a Hera y Afrodita por hacer que te enamores de mí".

Jasón abandonó a Medea, diciéndole que nada de lo que dijera podría hacerle cambiar de opinión. Debería haber recordado que lo que hacía de Medea una aliada tan formidable también la convertía en una enemiga peligrosa.

Llegó el día de su boda y las celebraciones fueron grandiosas. Jasón y Creúsa parecían felices y enamorados. El rey Creonte estaba orgulloso del partido que había logrado para su hija. Durante el banquete, los tres fueron a ver los regalos de boda. Dos llamaron inmediatamente la atención del rey y de la princesa.

"¡Oh, mira esta capa!" dijo Creúsa. "¡Es tan grande, y la tela es tan suave! Tengo que probármela".

"Esta corona es hermosa", dijo el rey Creonte. "Es espléndida y radiante, digna de un rey de Corinto".

Escultura de Medea de William Wetmore Story[25]

Mientras Creúsa se envolvía con el manto, el rey Creonte se ponía la corona. Pronto descubrieron que no se trataba de un regalo de boda cualquiera.

La capa de Creúsa se incendió de repente. Gritó e intentó quitársela, pero no pudo desabrocharla. Las llamas consumieron su piel, derritiendo su carne. El calor le calaba los huesos y le causaba un dolor agonizante.

El rey Creonte intentó ayudar a su hija, pero se vio incapaz de moverse. La corona que llevaba empezó a apretarle, causándole un dolor insoportable. Cayó de rodillas, intentando quitarse el objeto maldito, pero no pudo. Sólo tuvo tiempo de ver morir a su hija quemada antes de que le aplastaran el cráneo.

Jasón estaba horrorizado, pero la venganza de Medea no había terminado. Estaba decidida a causar el mayor dolor posible al hombre que le había roto el corazón. Medea mató a sus dos hijos, los descuartizó brutalmente y dejó sus cadáveres para que Jasón los encontrara.

Cuando Jasón encontró a sus pobres hijos, Medea hacía tiempo que había abandonado Corinto. Su abuelo, el dios Helios, le regaló un carruaje tirado por dragones y le concedió el pasaje a Atenas.

Jasón se quedó solo y desdichado. Por haber traicionado a Medea, fue abandonado por Hera, la diosa del matrimonio, que consideró sus acciones imperdonables. Los años pasaron, y la gloria nunca volvió al héroe caído. Ni siquiera pudo enorgullecerse de su muerte. Murió mientras dormía bajo el podrido *Argo*, asesinado por una viga que cayó del otrora magnífico navío.

Actividad 5: Ejercicio de rellenar los espacios en blanco

Rellena los espacios en blanco con la respuesta correcta del cuadro siguiente.

Simplégades	Corona	Dragón
Argo	Talos	Medea
Hilas	Eetes	Aries
Hombre con una sandalia		Chalciope
Capa	Absirto	Sirenas	Argonautas

1. El Oráculo advirtió a Pelias que tuviera cuidado con _____.

2. La constelación zodiacal de _____ se basa en el carnero dorado que salvó a los gemelos Frixo y Hele de ser sacrificados por su madrastra.

3. El barco en el que viajaban Jasón y su tripulación se llamaba _____, y por eso se les conocía como los _____.

4. La amante de Heracles, _____, fue raptada por las náyades.

5. Jasón pasó por la _____ soltando primero una paloma. Tras ver lo rápido que chocaban, supo a qué velocidad remar.

6. _____ era el rey de Cólquida. Tuvo tres hijos: _____, _____, y _____.

7. Para ayudar a Jasón a robar el vellocino de oro, Medea durmió a _____.

8. Orfeo salvó a la tripulación de una muerte segura a manos del _____ tocando su lira y cantando.

9. _____ era un gigantesco autómata de bronce creado por Hefesto y regalado a Minos para proteger su isla de piratas e invasores.

10. Cuando Jasón traicionó a Medea para casarse con Creúsa, Medea se vengó maldiciendo una _____ y una _____ que habían sido entregadas a la pareja como regalos de boda.

Capítulo 6: Casa de Atreo

En toda la mitología griega, pocas familias son más desafortunadas que la Casa de Atreo. Generación tras generación sufrieron la tragedia a manos de las parcas hasta que finalmente se libraron de la maldición gracias a un asesinato y a la reunión de sus hermanos.

Comenzamos nuestra historia con Tántalo. Era rey e hijo de Zeus. Estaba casado con Dione, la hija de Atlas. Tántalo era rico y muy querido. Tenía el favor de los olímpicos, sus parientes divinos, y a menudo era invitado a su compañía y a cenar a su lado. La mayoría de los humanos, incluso aquellos con sangre divina, se habrían sentido honrados por tal trato. Hubiesen sabido que habían sido bendecidos con tal fortuna por la gracia de los dioses.

Pero Tántalo no era como la mayoría de los humanos. Dejó que su favoritismo se le subiera a la cabeza. Se volvió orgulloso y se creyó mucho más importante de lo que realmente era. Llegó a creerse como los dioses, y entonces se creyó superior. Creyó que podría engañarlos fácilmente para hacer algo bárbaro y que podría hacerlo con facilidad.

"Padre, siempre me invitas a cenar junto a ti y tu familia", dijo un día Tántalo. "Me gustaría agradecerte tu hospitalidad invitándote a mi propio palacio. Permíteme tener el honor de hospedaros a todos por una vez".

"Eso suena espléndido, hijo mío", dijo Zeus, sin sospechar nada raro. "Hablaré con los demás olímpicos. Una vez que todos estemos de acuerdo, nos reuniremos contigo en tu palacio para cenar juntos".

Cuando Tántalo regresó a casa, puso en marcha su malvado plan. Ordenó asesinar a su hijo Pélope. Su carne fue cortada en pequeños trozos y mezclada con el guiso. Como podrás imaginar, comer humanos era tan tabú en aquellos días como lo es ahora. Tántalo sólo quería ver si podía engañar a los dioses para que cometieran el más impío de los actos.

Finalmente, llegó la hora del banquete. Los dioses se sentaron a la mesa de Tántalo. Les sirvieron el mejor vino y el pan más aromático. Los músicos más talentosos de la corte de Tántalo tocaron las mejores canciones con su lira. Los dioses bebían e intercambiaban historias con Tántalo. Todos estaban contentos.

Sacaron el estofado y todos los olímpicos guardaron silencio. Se miraron unos a otros mientras les servían el guiso, pero ninguno hizo ademán de comérselo, con la única excepción de Deméter. La diosa seguía angustiada por la pérdida de Perséfone y no se daba cuenta de lo que estaba comiendo. Uno de los dioses sentados a su lado retiró rápidamente el plato de delante de ella, evitándole comer más que el hombro de Pélope.

La alegría de los dioses se convirtió en furia y repugnancia.

Zeus se levantó de su asiento. "¿Te atreves a insultarnos sirviéndonos esto?".

Tántalo sonrió. "¿De qué estás hablando, padre? Es sólo estofado".

Zeus se burló. "¿Sólo estofado?".

"Delicioso estofado. Preparado por mis mejores cocineros y hecho con la mejor carne de toda la tierra".

Los dioses gruñeron de disgusto.

"Nos harías comer tu propia carne y sangre, tu propio hijo... ¿Y para qué? ¿Cuál es el propósito de este juego horripilante que juegas?" exigió Zeus. "¿Por qué cometes el más impío de los actos y tratas de engañarnos para que nos unamos a ti en el pecado?".

La sonrisa de Tántalo se borró de sus labios cuando por fin se dio cuenta de la gravedad de su situación. Había enfurecido y deshonrado a los olímpicos más allá de lo imaginable. Al mirar a cada uno de sus rostros, supo que su castigo sería tan tortuoso como su acto.

"Por tus acciones, serás desterrado al inframundo", declaró Zeus. "Allí, estarás en una isla rodeada por un estanque de agua dulce. Pero cada vez que intentes beber de ella, el agua se moverá fuera de tu alcance. En la isla habrá un árbol contigo, con jugosos frutos colgando de sus ramas. Pero cada vez que intentes alcanzar una de ellas para comer, las ramas se moverán de tal modo que las yemas de tus dedos apenas la rozarán. La fruta siempre estará fuera de tu alcance. Pasarás la eternidad sediento y rodeado de agua y hambriento y rodeado de deliciosa comida. No habrá forma de acabar con tu tormento".

Tras el incidente, Zeus se reunió con las moiras, las tres parcas, y éstas devolvieron la vida al joven Pélope. Hefesto, el dios de los herreros, le hizo un nuevo hombro de metal. Deméter, la diosa de la cosecha, se lo regaló al joven, pues era la parte de su cuerpo que ella se había comido.

Durante generaciones, Pélope sería el único miembro de la Casa de Atreo que no sufriría otra tragedia. Tal vez las parcas decidieron que el joven ya había sufrido bastante y que no debía ser castigado por las acciones de su padre.

Pélope dibujado por Guillaume Rouillé[33]

Pélope acabó casándose con la princesa Hipodamia. Su padre, el rey Enomao, poseía un preciado caballo de carreras que le había regalado Ares, el dios de la guerra. Cada vez que aparecía un nuevo pretendiente para cortejar a su hija, el rey Enomao lo retaba a una carrera. Si ganaban, podían casarse con la princesa Hipodamia. Como el caballo del rey Enomao era superior, ganaba siempre. Y cada vez que ganaba, mataba a su oponente.

Resulta que Pélope tenía un caballo que le había regalado Poseidón. Así, cuando se enamoró de Hipodamia y compitió por su mano, consiguió vencer al rey. Pélope e Hipodamia se casaron y tuvieron muchos hijos, aunque, para el propósito de este relato, nos centraremos sólo en dos de ellos: Atreo y Tiestes. Más adelante hablaremos de sus desgraciados destinos.

La hermana de Pélope, Niobe, no tuvo tanta suerte. Finalmente se casó con Anfión, que era hijo de Zeus. Juntos gobernaron Tebas. Tuvieron siete hijos y siete hijas, todos hermosos y exitosos. Durante un tiempo, la vida de Niobe pareció ser perfecta, y eso fue lo que la llevó a la perdición.

Al igual que su padre, Niobe dio por sentada su buena fortuna. En lugar de ser humilde y agradecida, se volvió arrogante. Estaba convencida de que sus logros y los de sus hijos demostraban que era más poderosa que los dioses.

Su ruina se produjo durante un festival en honor de la diosa Leto. Mientras el pueblo de Tebas rendía culto a la diosa, Niobe marchó hacia el centro del templo de Leto y levantó los brazos.

"¡Pueblo de Tebas! No malgastéis vuestras plegarias en esta diosa de bajo rango. Soy vuestra reina y deberíais darme las gracias y hacer sacrificios en mi honor", se jactó. "¿De qué te ha servido Leto? ¿La crees superior a mí, tu propia reina? ¡Mi madre era hija de Atlas! ¡Mi padre era un hijo de Zeus que era bienvenido en la mesa de los Olímpicos! ¡Mi esposo construyó esta misma ciudad que llamas tu hogar! ¿Y aún así es a Leto a quien adoras? ¿Leto, que sólo tuvo dos hijos? Yo tengo seis veces más hijos que ella, y todos ellos son seis veces más dignos de tu alabanza".

Para los antiguos griegos, pocos pecados eran más deshonrosos que la arrogancia (orgullo). En su declaración de superioridad, Niobe enfureció a Leto, Artemisa y Apolo. Los gemelos divinos tomaron medidas contra las mujeres que se atrevían a insultar a su amada madre.

Casi tan pronto como las últimas palabras jactanciosas salieron de los labios de Niobe, unos carruajes descendieron del cielo. Se decía que Artemisa y Apolo eran los mejores arqueros de todo el Olimpo, y tensaron sus arcos. Con seis veloces flechas, Artemisa alcanzó y mató a las seis hijas de Niobe. Con seis flechas, Apolo alcanzó y mató a los seis hijos de Niobe. Niobe vio cómo sus doce hijos caían muertos y su sangre empapaba el suelo.

Niobe cayó de rodillas. No lanzó un grito de angustia. No gritó. No suplicó perdón ni exigió que les devolvieran la vida. Más bien, permaneció paralizada por el dolor, con lágrimas silenciosas corriendo por sus mejillas mientras miraba a los doce cadáveres con los ojos muy abiertos.

Nadie podía mover a Niobe de allí. Nadie podía consolarla ni hacer que respondiera. Permaneció inmóvil. Tan quieta que acabó convirtiéndose en piedra, con la pena grabada para siempre en sus rasgos y las mejillas siempre húmedas por las lágrimas que caerían eternamente.

Ahora debemos dejar a la desafortunada Niobe para ver el destino de sus sobrinos, los dos hijos de Pélope.

El destino de estos dos hombres y su desgracia estuvieron enredados durante generaciones. Comenzó con los celos y la traición. El hermano mayor, Atreo, era rey y estaba felizmente casado con su esposa, Aérope. Sin embargo, su matrimonio podría no haber sido tan feliz como Atreo pensaba. Tiestes, el hermano de Atreo, tuvo una aventura con Aérope. Cuando Atreo descubrió esto, la ira lo consumió. Sabía que tendría que hacer pagar a Tiestes, y miró hacia el pasado en busca de inspiración.

Atreo cogió a dos de los hijos de Tiestes y, como su abuelo tiempo atrás, los hizo asesinar. Cortó su carne en pequeños trozos y los mezcló con el estofado.

A diferencia de los olímpicos, Tiestes no tenía forma de saber lo que le estaban sirviendo. Se comió todo el cuenco, consumiendo sin saberlo a sus dos hijos. No fue hasta que terminó el festín que descubrió lo que había hecho.

Las historias sobre la venganza de Tiestes varían. Algunos afirman que violó a su propia hija, Pelopia, porque oyó una profecía que decía que el hijo que tendrían juntos, Egisto, mataría a Atreo. Otros dicen que, como Atreo era rey, no tuvo consecuencias por su horrible acto. Como no murió a manos de la venganza, sus hijos serían castigados en su lugar.

Es posible que hayas oído hablar de los dos hijos de Atreo, ya que desempeñaron papeles destacados en la guerra más grande y famosa de todas: la guerra de Troya.

Menelao era uno de ellos, y estaba casado con la afamada Helena, cuya belleza era tan grande que lanzó mil naves a la guerra. Los detalles de la guerra de Troya son mucho más complejos que eso, pues implican intrincadas alianzas políticas, votos de honor e intervención divina. No tenemos tiempo para entrar en todos ellos, pero si esto despierta su curiosidad, te animamos a aprender más sobre este famoso conflicto que duró diez años.

Para el propósito de esta historia, todo lo que necesitas saber es que el príncipe troyano Paris, con la ayuda de Afrodita, encantó a Helena y la alejó de su hogar. Menelao y su hermano Agamenón pidieron a sus aliados que trajeran a Helena a casa.

Los griegos y los troyanos lucharon durante diez años. Murieron muchos hombres buenos. Aquiles enloqueció de dolor tras la pérdida de Patroclo, y fue asesinado por Héctor, el hermano mayor de Paris. La guerra llegó a su fin cuando Odiseo, el héroe favorito de Atenea, ideó un plan que hoy se conoce como el Caballo de Troya.

Menelao trajo a Helena de vuelta a casa. Los dos vivieron felices juntos, aunque se podría argumentar que fueron responsables de mucho sufrimiento. Sin embargo, Agamenón no tuvo tanta suerte como su hermano.

Agamenón estaba casado con Clitemnestra y tuvieron tres hijos. Ifigenia era la mayor, Electra la mediana y Orestes el único hijo y heredero de Agamenón. Era sólo un bebé cuando su padre partió a la guerra.

Clitemnestra e Ifigenia acompañaron a Agamenón a Troya. Durante el viaje, Agamenón ofendió a la diosa Artemisa matando a uno de sus ciervos sagrados. Por ello, la diosa impidió que las naves abandonaran su emplazamiento. Agamenón y el resto de las fuerzas griegas consultaron al Oráculo para saber cómo podían apaciguar a Artemisa.

"Enfureciste a Artemisa matando a un animal que ella amaba", dijo el Oráculo. "Para apaciguarla, debes sacrificar a una persona que amas. Para apaciguar a Artemisa, debes matar a Ifigenia".

Agamenón intentó pedir otra solución, pero no se la dieron. Clitemnestra suplicó que perdonaran a su hija. Ifigenia no suplicó. Aceptó de buen grado su destino.

Ifigenia fue llevada a un altar. Una sacerdotisa de Artemisa levantó su cuchillo y todos miraron hacia otro lado. Cuando abrieron los ojos y se volvieron hacia el altar, Ifigenia había desaparecido. Artemisa estaba apaciguada.

El sacrificio de Ifigenia [24]

Mientras Agamenón continuaba hacia Troya, Clitemnestra regresó a Micenas. Mientras su marido estaba en guerra, tomó como amante a Egisto, el hijo de Tiestes, que había nacido después del festín caníbal. Egisto estaba decidido a vengarse de Agamenón por lo que su padre había hecho a sus hermanos.

Agamenón y Clitemnestra tuvieron otros dos hijos además de Ifigenia. Eran Electra, otra hija, y Orestes, el único hijo varón. Electra conocía los planes de Egisto para vengar a sus difuntos hermanos. Mientras que ella estaba a salvo de sus malvados planes, ya que era una mujer, sabía que su hermanito no lo estaría. Por esta razón, una noche cogió a su hermano y lo puso a salvo, en un lugar donde Egisto nunca pudiera llegar.

Hubo un tiempo en que Clitemnestra amaba a todos sus hijos, pero la pérdida de Ifigenia y el resentimiento que sentía hacia Agamenón agriaron ese amor. Por eso, cuando Egisto se ensañó con Electra, Clitemnestra no hizo nada para protegerla. De hecho, se unió a la crueldad. La joven Electra soportó torturas y abusos durante años. Se consolaba sabiendo que su hermano pequeño estaba a salvo y rezaba por el regreso de su padre.

Aunque las plegarias de Electra fueron escuchadas, el regreso de su padre no supuso el fin de su sufrimiento. Éste llegaría más tarde, después de que se derramara mucha sangre.

Clitemnestra se encontró con su marido fuera del palacio cuando regresó. Sonreía y lo recibió con los brazos abiertos. Aunque todos conocían su aventura con Egisto, nadie se había atrevido a advertir al rey de su traición. Así, el cansado guerrero creyó realmente estar recibiendo una cálida bienvenida.

"¡Mi marido! ¡Oh, cuánto tiempo has estado fuera de casa! ¡Qué bueno es tenerte de vuelta!".

"Te he echado mucho de menos a ti y a nuestros hijos, Clitemnestra", dijo Agamenón. "Entremos en nuestra casa y preparemos un banquete para celebrar mi regreso y nuestra victoria sobre Troya". Agamenón y Clitemnestra entraron juntos en el palacio.

Agamenón trajo muchos tesoros de Troya. La ciudad había sido saqueada y quemada hasta que no quedó nada. Todos los troyanos se vieron obligados a huir de sus hogares. El pueblo se dispersó, convirtiéndose en refugiados. Entre los muchos premios de Agamenón estaban las concubinas capturadas durante la guerra. Una de esas concubinas era la princesa troyana, Casandra.

Casandra era hija del rey Príamo y de la reina Hécuba. También era sacerdotisa de Apolo y poseía el don de la vista profética. Todas sus profecías estaban predestinadas a cumplirse, pero fue maldecida para que nunca se le creyera. Sus advertencias nunca fueron escuchadas. Cuando vio por primera vez el palacio de Agamenón, jadeó horrorizada y el miedo se apoderó de su corazón.

"¿Qué es ese lugar?", preguntó. "¿Qué es esa horrible, horrible casa?".

Los que la rodeaban le explicaron que era el palacio donde vivían Agamenón y su familia.

Pero Casandra negó con la cabeza. "No, no vivirá allí", dijo. "Nadie puede vivir allí. Es una casa de sangre. Una casa de sangre, tormento y sufrimiento. Tanto mal se ha hecho en ese lugar, y aún hay más mal por hacer".

A Casandra se le llenaron los ojos de lágrimas mientras contemplaba la casa. La gente intentaba consolar a la princesa caída, pero era como si no pudiera oírlos.

"Oh... Oh, ya veo...", dijo a nadie en particular. "Esta noche se derramará más sangre. Dos personas más morirán, y yo seré una de ellas".

Sin decir una palabra más, Casandra entró en el palacio para no volver a salir.

Pasaron horas. Entonces, Clitemnestra y Egisto salieron del palacio, con las túnicas y las manos manchadas de sangre. No hacían falta palabras para explicar lo sucedido.

Clitemnestra duda antes de matar al dormido Agamenón, de Pierre-Narcisse Guérin [25]

"Seguiremos siendo sus gobernantes, como lo hemos sido durante los últimos diez años", anunció Clitemnestra. "Y si alguien se atreve a desafiar nuestras pretensiones al trono, no tendrá piedad".

Como puedes imaginar, Electra se desesperó ante esto. Su padre había muerto. Su madre y su amante se habían apoderado del trono. Cualquier esperanza de tener una vida mejor descansaba ahora en las manos de un hermano al que no había visto desde los días en que podía llevarlo en brazos.

Por suerte para ella, Orestes se convirtió en un joven amable, sensato y valiente. Era piadoso y humilde. Era un buen guerrero que sabía que no debía ser arrogante. Orestes era muy amigo de un joven llamado Pílades. Los dos eran inseparables. Algunos decían que eran amantes. Cuando Orestes se enteró de lo que su madre le había hecho a su padre, sintió dolor y desesperación. También se vio atrapado en un dilema.

"¿Qué debo hacer, Pílades?" preguntó Orestes. "Nuestras leyes y tradiciones dicen que debo matar al que mató a mi padre. Es mi deber como hijo suyo. Es lo que los dioses esperan de mí. Pero hay pocos pecados más grandes que el matricidio. Tal acto es imperdonable. Entonces, ¿qué puedo hacer? ¿Deshonro a mi padre al no vengarme de él? ¿O condeno mi alma matando a quien me trajo al mundo?".

"El tuyo es realmente un dilema como ningún otro, y no envidio tu posición, mi querido Orestes", dijo Pílades. "No puedo aconsejarte ni una cosa ni la otra. Lo que te sugiero es que vayas al oráculo de Delfos y busques la sabiduría del mismísimo dios Apolo. Y que sepas que, independientemente de lo que él diga que debes hacer, yo te seré siempre leal".

Así, Orestes y Pílades viajaron al oráculo de Delfos en busca de consejo. Apolo respondió a las súplicas de Orestes.

"Tu deber como hijo es para con tu padre, el que ha sido agraviado", dijo el dios. "Debes matar a los responsables de su muerte. Es tu deber, Orestes, hijo de Agamenón, castigar a Clitemnestra y Egisto por sus malvadas acciones. Esta es tu carga como miembro de la maldita casa de Atreo".

Orestes no se alegró de la noticia, pero no intentó discutir. Simplemente inclinó la cabeza y agradeció a Apolo su sabiduría. Con el corazón encogido, espada en mano y Pílades a su lado, Orestes marchó a Micenas.

Fue casualidad que Orestes y Pílades se encontraran con Electra. Cuando llegaron a la ciudad, Orestes declaró que deseaba presentar sus respetos a su padre antes de completar su tarea. Pílades le acompañó.

En cuanto Electra vio a Orestes, lo reconoció de inmediato. Sus ojos se llenaron de lágrimas. Cuando Orestes supo que aquella triste joven era la hermana a la que debía la vida, la abrazó y le besó la frente.

"¡Oh, Orestes! Mi pequeño Orestes!" gritó Electra. "¡Estás a salvo! ¡Estás a salvo! ¡Y estás aquí! ¡Estás en casa!".

"Sí, hermana. Estoy a salvo, todo gracias a ti. Estoy aquí, así que no necesitas estar triste nunca más", dijo Orestes. "Te mantendré a salvo, y me aseguraré de que no sientas más miseria. Haré las cosas bien, mi querida hermana".

Juntos, Electra, Orestes y Pílades tramaron la forma más eficaz de asesinar a Clitemnestra y Egisto.

"Saben que sigues ahí fuera, y ahora que se ha corrido la voz de la muerte de padre, esperan que vengas a por ellos en cualquier momento", dijo Electra.

"Podemos usar eso a nuestro favor", dijo Pílades. "Ellos saben Orestes vendrá a vengar a su padre, pero no saben cómo luce. Y ellos no saben que te hemos encontrado, Electra. Tenemos la ventaja".

"Odio que tengamos que hacer esto", dijo Orestes. "Odio que se nos exija esto. Pero no tenemos otra opción. Ellos y los dioses no nos dejaron otra opción. Vamos a hacerlo lo más rápido y sin dolor como sea posible. No hay razón para que causemos más sufrimiento".

Acordaron que Pílades y Orestes se disfrazarían de mensajeros. Irían al palacio y dirían que tenían información importante para Clitemnestra y Egisto sobre Orestes. Afirmarían que Orestes había muerto en su viaje a Micenas. Cuando Clitemnestra y Egisto exigieron ver a los mensajeros y escuchar los detalles de lo que tenían que decir, Orestes y Pílades aprovecharon la oportunidad para matarlos a ambos. Electra se quedaría en palacio. Estaría vigilante y se aseguraría de que todo funcionara según lo planeado.

Jarra de vino que representa el asesinato de Egisto [26]

Llegó el día de poner en marcha su complot. Tal y como habían planeado, Pílades y Orestes llegaron con la noticia de que Orestes había muerto. Pero a diferencia de lo que habían previsto, la pareja asesina vino a recibir la noticia por separado. Egisto llegó primero, por lo que fue el primero en ser asesinado. Entonces Clitemnestra entró en la habitación. Pílades y Orestes estaban listos para atacar cuando un sirviente gritó: "¡Mienten! ¡Mienten! Orestes vive, y está aquí en el palacio".

Al mirar a los jóvenes ensangrentados, Clitemnestra reconoció a uno de ellos como su hijo perdido. Estaba dispuesta a luchar contra él, cogiendo un hacha, pero entonces algo la hizo cambiar de opinión. En su lugar, trató de suplicar por su vida.

"¡Yo soy tu madre! Yo te traje a este mundo", gritó. "¡Por favor! Por favor, ¡no puedes hacerme esto! Por favor, hijo mío. Soy tu única madre".

Orestes vaciló. Sentía los ojos de Pílades y Electra clavados en él. Por un momento, se permitió pensar en cómo sería su vida si perdonara a su madre. Por un momento, pensó en la mujer que era antes de perder a Ifigenia. Por un momento, se afligió por una familia amorosa que nunca existió.

Entonces, su determinación se endureció.

"Lo siento, madre", dijo Orestes. "Que sepas que hago esto con el corazón encogido. Soy miembro de la maldita casa de Atreo, y tú también. Debo condenar mi alma castigándote por tu maldad. Esto es lo que los dioses han decretado".

Y con un rápido golpe de espada, Orestes mató a Clitemnestra.

Pero las desgracias de Orestes no acabaron ahí. En cuanto completó el acto de matricidio, contempló un espectáculo espeluznante: las tres erinias, las furias, le observaban con afiladas sonrisas. Ahora era un asesino, y eso lo convertía en su víctima para atormentarlo y aterrorizarlo mientras viviera.

Durante siete años, Orestes caminó solo. Las furias le perseguían, le atacaban, le chillaban en los oídos y hacían de cada momento de vigilia una pesadilla. Soportó esta tortura sin quejarse, creyendo que era su carga por haber asesinado a su madre y por ser miembro de la maldita casa de Atreo.

Un día fue al templo de Delfos en busca de un lugar donde descansar. Allí se encontró con Apolo, que lo miró con compasión.

"Ojalá pudiera liberarte de este tormento, Orestes", dijo Apolo. "Por desgracia, el poder para hacerlo está más allá de mí".

"Nunca me atrevería a pedirle algo así, señor Apolo".

"No lo harías, ¿verdad? Y ésa es una de las razones por las que eres tan poco merecedor de este trato", dijo Apolo. "Ve a la Acrópolis de Atenas. Allí te recibirá mi hermanastra Atenea. Si le expones tu caso, tal vez ella pueda darte la paz".

"¿Está seguro de que debo intentarlo, mi señor?".

"¿Dolería hacerlo?" replicó Apolo. "No puedo prometerte que funcione, pero sí puedo prometerte que hablaré en tu nombre".

Y así, Orestes fue a la Acrópolis tal y como Apolo le había ordenado. Y tal como Apolo había dicho, Atenea le dio la bienvenida y prometió escuchar su caso. Llamó a doce jueces para que supervisaran el juicio y decidieran el destino de Orestes.

En primer lugar, las furias expusieron sus argumentos. Dijeron que el matricidio era un pecado imperdonable y que era su deber castigar a quienes lo cometieran. Orestes explicó las circunstancias de sus actos y que había matado a su madre por orden de Apolo. Apolo apoyó a Orestes, afirmando que era responsable de las acciones del hombre. Creía que Orestes había expiado su cruel acto, ya que había pasado los últimos siete años vagando solo y atormentado.

Los jueces emitieron sus votos. Seis votaron a favor de Orestes. Seis votaron en su contra. Fue hasta Atenea para decidir su destino.

"Quedas absuelto de tus cargos, buen Orestes", dijo Atenea. "Y no sólo eso, declaro que debido a tu expiación y a tu humildad, tu casa quedará libre de la maldición que la ha asolado durante generaciones".

Si acabáramos aquí nuestra historia, podríamos alegrarnos de que Orestes y sus descendientes tuvieran por fin la oportunidad de ser felices. Pero este no es el final de nuestra historia. Hay una última persona que debemos visitar antes de que todo esté bien.

Ahora, te pido que vuelvas tu mente a los días anteriores a la Guerra de Troya, cuando Agamenón y las otras fuerzas griegas viajaban a Troya. ¿Recuerdas cómo mataron a uno de los ciervos de Artemisa y cómo Ifigenia fue sacrificada por su crimen?

Algunos dicen que Artemisa, la protectora de las doncellas, nunca habría permitido que una inocente como Ifigenia fuera sacrificada tan cruelmente. En cambio, cuando el sacrificio debía realizarse, Artemisa bajó de los cielos, tomó a la princesa en sus brazos y la llevó a Tauris. Ifigenia fue convertida en una de las sacerdotisas de Artemisa y quedó a salvo en el templo de la diosa.

Los habitantes de Tauris no eran amigos de los griegos. De hecho, el rey Toas decretó que todo griego que pisara sus tierras sería utilizado como sacrificio humano. Como sacerdotisa de Artemisa, era tarea de Ifigenia preparar a su propio pueblo para el sacrificio, limpiándolo y atendiendo a sus últimos deseos.

"Artemisa nunca habría querido esto. Ninguno de los dioses pediría jamás sacrificios humanos", se dijo Ifigenia. "Estas son las acciones de los hombres, que utilizan lo divino como excusa para su barbarie".

Pero, ¿qué otra opción tenía Ifigenia que seguir la corriente? Si se revelaba que era griega, sería sacrificada. Porque estaba sola, nunca podría luchar contra el pueblo de Tauris o encontrar una manera de huir de regreso a su patria. Su mejor esperanza de supervivencia era agachar la cabeza, seguir la corriente y rezar para que alguien viniera a rescatarla.

Sus plegarias fueron escuchadas un día. Nada menos que Orestes y Pílades llegaron a Tauris. Habían pasado unos años desde que Orestes se liberara de las erinias, pero siete años de tormento incesante habían hecho mella en su mente. Las furias seguían atormentando a Orestes, aunque hacía tiempo que lo habían dejado en paz. Las pesadillas plagaban sus noches y terribles visiones le perseguían por las mañanas. Orestes había acudido al oráculo de Delfos en busca de consejo, y éste le ordenó viajar a Tauris y traer de vuelta a Atenas la imagen de Artemisa. Sólo entonces podría descansar en paz.

"Si vas a Tauris, entonces voy contigo", dijo Pílades. "Nada de lo que digas o hagas me hará cambiar de opinión".

Y así, los dos emprendieron su viaje. Cuando llegaron a Tauris, fueron inmediatamente identificados como griegos y enviados al templo de Artemisa para que los prepararan para ser sacrificados.

Ifigenia no reconoció a su hermano y Orestes no reconoció a su hermana. Sin embargo, sabían que el otro era griego. Hablando mientras Ifigenia preparaba el sacrificio, se enteraron de que ambos procedían del mismo lugar.

Una copa de plata con **Ifigenia**, **Pílades** y **Orestes**[97]

"¿Tú también eres de Micenas?" preguntó Ifigenia, con la esperanza floreciendo en su pecho por primera vez en años. "¿Puedo pedirte un favor entonces?".

"Cualquier cosa", dijo Orestes.

"¿Cómo están Agamenón y su familia?" preguntó Ifigenia. "Sé que regresó victorioso de la guerra de Troya, pero después de eso, la noticia de los griegos no llegó a nuestras costas. Dime, ¿qué pasó con él?".

Orestes y Pílades intercambiaron miradas sombrías. Suspiraron y decidieron en silencio que Orestes le daría la noticia a la amable sacerdotisa.

"Me temo que hace tiempo que se fue", dijo Orestes. "Asesinado por su propia esposa hace casi diez años".

Ifigenia sollozó. Se excusó y dejó solos a los dos hombres. Cuando regresó, casi una hora después, tenía una carta en la mano.

"¿Puedo pedirte otro favor?".

"Si está en nuestra mano concederlo, entonces sí", dijo Orestes.

"Como sacerdotisa de este templo, puedo dejar que uno de vosotros se vaya y escape al sacrificio, pero sólo uno", dijo Ifigenia. "Cualquiera que se vaya, ¿puede entregar esta carta a mi hermano para que venga a rescatarme?".

Orestes y Pílades volvieron a mirarse, ambos decididos.

"Yo me quedo", dijo Pílades. "Tú vete. Toma la imagen de Artemisa para completar la búsqueda".

Pero Orestes negó con la cabeza.

"No, Pílades. No permitiré que te sacrifiques por mí".

"¡No es ningún sacrificio! Dar mi vida para perdonar la tuya es algo que hago de buena gana".

"Pílades, por favor. Ya estoy atormentado por los recuerdos de las furias y por lo que le he hecho a mi madre. No podría soportar vivir con tu muerte sobre mi cabeza también. Es mi culpa que estemos aquí. Nunca debiste estar en peligro", dijo Orestes. "Vete. Yo me quedaré. Y cuida de mi hermana por mí".

Pílades quiso discutir, pero reconoció la mirada de su amigo. Sabía que no podía convencerlo de lo contrario. Así que, con el corazón encogido, asintió y se volvió hacia Ifigenia.

"¿A quién debo entregar su mensaje?".

"A Orestes, hijo de Agamenón", dijo Ifigenia, entregando la carta a Pílades. "Dile que su hermana Ifigenia aún vive y que le espera en tierra hostil, ansiosa por volver a casa".

"¿Estás seguro de que esta carta debe ir a Orestes, hijo de Agamenón?". preguntó Pílades, tomando la carta en sus manos.

"Sí. Estoy seguro".

Pílades la miró, con el rostro serio, y habló con el más sombrío de los tonos. "Entonces, Ifigenia, será un honor para mí reunirte con tu hermano", dijo. Tras un momento, se volvió hacia Orestes. En el mismo tono y con la misma expresión, dijo: "¡Orestes! Te traigo noticias urgentes de tu hermana, Ifigenia. ¿Aceptas esta carta?".

Orestes apenas podía contener la sonrisa. Sus ojos se llenaron de lágrimas. Mientras Ifigenia observaba, se dio cuenta. Ella también empezó a reír y a llorar.

"Sí, mi querido Pílades", dijo Orestes, con la voz entrecortada. "Acepto esta carta. Gracias".

Pero en lugar de coger la carta, Orestes cogió a su hermana en brazos. Ifigenia abrazó con fuerza a su hermano pequeño, llorando y riendo, reunida por fin con su familia. Pílades observó a los dos hermanos con una sonrisa, sintiéndose afortunado por haber presenciado un momento tan tierno.

"¡Oh, mírate! ¡Mi pequeño Orestes!" dijo Ifigenia. "¡Qué grande estás! Recuerdo cuando no eras más que un bebé. Cabías en mis brazos y jugabas con mi pelo. ¡Pero mírate ahora! Mides por lo menos una cabeza más que yo".

"Una cabeza más alto, pero sigo siendo tu hermano pequeño que te ha echado mucho de menos", dijo Orestes. "Pero dime, ¿cómo es que estás viva? Todos te dábamos por muerta hace tiempo".

Ifigenia les contó sus aventuras desde que Artemisa la rescató del sacrificio y cómo acabó en Tauris.

"Me alegro por los dos", dijo Pílades una vez que Ifigenia hubo terminado y antes de que pudieran hacerse más preguntas. "Pero deberíamos dejar el resto de nuestras historias para más tarde. Ahora mismo, debemos encontrar la forma de abandonar este lugar". Con la imagen de Artemisa, por supuesto".

Orestes asintió.

"Por supuesto. Los tres escaparemos". Se volvió hacia Ifigenia. "No voy a dejar que te quedes aquí un momento más. Vendrás con nosotros a nuestra nave".

Y así, maquinaron. Durante su conversación, Ifigenia se enteró de que Orestes había cometido matricidio para vengar a su padre. Convenció a Orestes y a Pílades de que usaran esto como excusa para huir del templo.

"Llevo años sirviendo aquí. El rey Toas confía en mí", dijo Ifigenia. "Diré que me enteré de tu pecado y que debes purificarte en el océano antes de ser apto para ser sacrificado a la diosa. Entonces, abordaremos tu barco y escaparemos antes de que se den cuenta de lo que hemos hecho".

"¿Y la imagen de Artemisa?" preguntó Pílades, sin olvidar la razón por la que habían venido en primer lugar.

"Alegaremos que estar en tu presencia ensució la imagen y que debe ser limpiada", respondió Ifigenia. "Pero debemos actuar con rapidez".

Y así, hicieron sus preparativos. Ifigenia seguía actuando como si les estuvieran preparando para ser sacrificados y les ató las muñecas con cuerdas. Ella agarró la imagen y los llevó fuera del templo.

El rey Toas ni siquiera pensó en interrogar a Ifigenia cuando le explicó lo que estaba haciendo. Todos esos años de agachar la cabeza y no llamar la atención habían valido la pena. Ahora Ifigenia podía escapar sin levantar sospechas.

En cuanto se perdieron de vista, corrieron hacia el barco. Subieron a bordo y zarparon, tratando de abandonar Tauris lo antes posible. Una vez que el rey Toas se dio cuenta de que no regresaban, partió tras ellos. Sin embargo, se dice que Atenea intervino a favor de nuestros héroes, ordenando al rey Toas que regresara a Tauris y dejando que Orestes, Pílades e Ifigenia volvieran a Micenas.

Y así, nuestra historia finalmente llega a su fin. La maldición de la casa de Atreo fue levantada, y aunque muchos habían sufrido, Orestes, sus hermanas y sus descendientes pudieron vivir felices.

Actividad 6: Árbol genealógico

Rellena el siguiente árbol genealógico con los nombres de los miembros de la Casa de Atreo.

| Egisto | Electra | Pélope | Menelao | Tántalo | Agamenón |

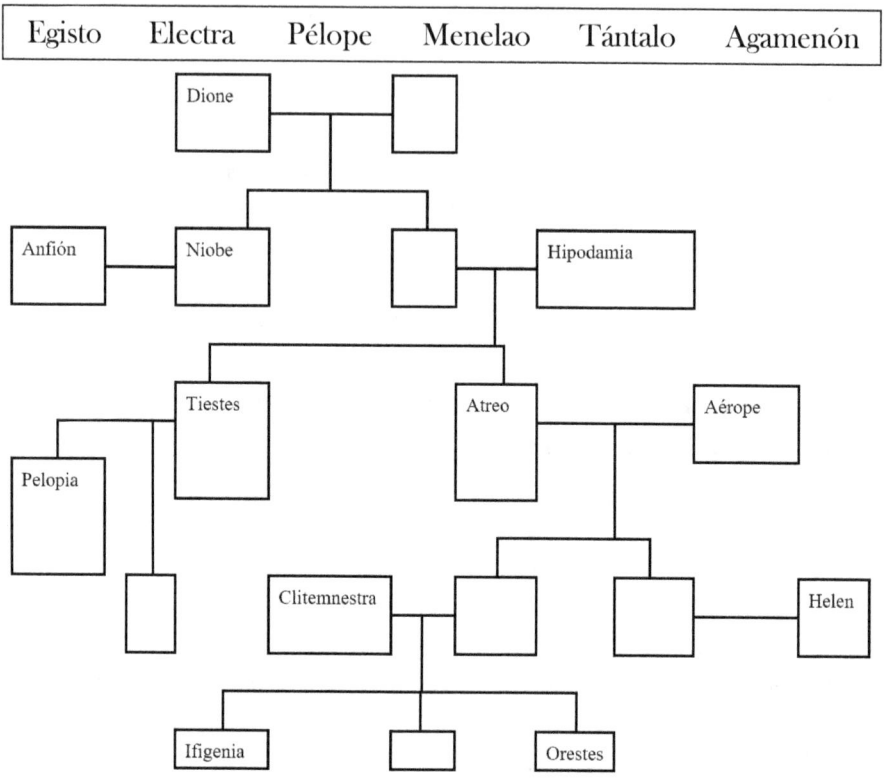

Conclusión

Durante milenios, los mitos griegos han cautivado la imaginación. Aunque estos héroes se enfrentaron a circunstancias imposibles y lograron hazañas impensables, siguen pareciendo cercanos. Sus luchas contra fuerzas sobrenaturales los hacen sentir dolorosamente humanos. Estos relatos tienen la capacidad de conectar con quienes los leen, tocando su humanidad de un modo difícil de comprender.

Y vemos estos mitos casi todos los días. Hay cuadros como *El nacimiento de Venus*, de Botticelli, o *Hilas y las ninfas*, de John William Waterhouse. Se pueden ver películas como *Medea* (1969), de Pasolini, o *Hércules* (1997), de Disney. Y si le gustan más los libros, series como *Percy Jackson y las Ninfas*, de Rick Riordan, o la galardonada *La canción de Aquiles* y *Circe*, de Madeline Miller. Hay videojuegos como *Hades*, de Supergiant Games, el musical *Hadestown* y webcómics como *Lore Olympus*, de Rachel Smythe. Estas historias siempre han ocupado y ocuparán un lugar destacado en la expresión artística y el entretenimiento.

Aunque este libro sólo ofrece una pequeña parte de lo que la mitología griega puede ofrecer, esperamos haberle entretenido e inspirado. Si te ha gustado el viaje hasta aquí, te animamos a que busques más mitos, como los de la Guerra de Troya, la Odisea, el Ciclo de Tebas y Orfeo y Eurídice. Nuestra bibliografía también sirve como una gran lista de otros recursos que puedes utilizar para ampliar aún más tus conocimientos y sumergirte más profundamente en el maravilloso mundo de los mitos griegos.

Clave de respuestas

Actividad 1: Actividad de emparejamiento

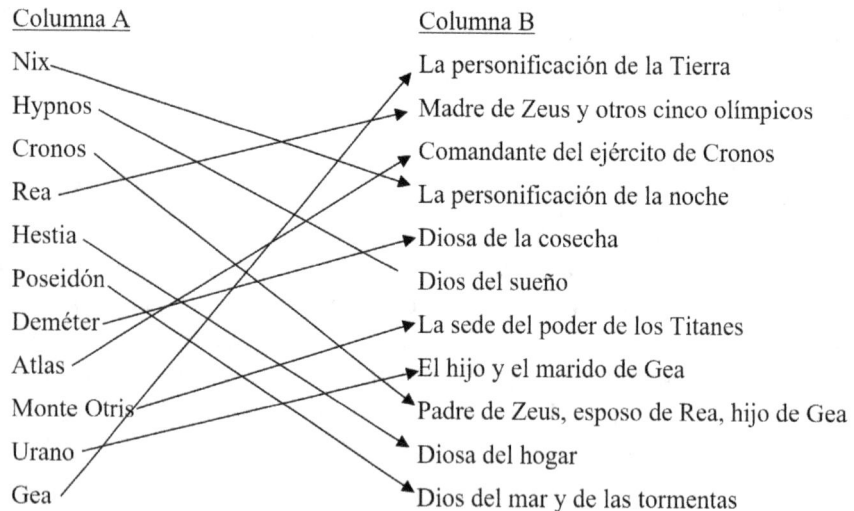

Actividad 2: Opción múltiple

Responda a las preguntas siguientes.
1. ¿Quién diseñó el Laberinto?
   b) Dédalo
2. ¿Qué le dio Ariadna a Teseo para ayudarle a escapar?
   d) Hilo de plata

3. ¿Cuáles son las dos ciudades principales de este cuento?
   a) Creta y Atenas
4. ¿Qué deidad regaló el Toro Cretense a Minos?
   c) Poseidón
5. ¿Quiénes son los padres del Minotauro?
   d) Pasífae y el toro cretense
6. ¿Cuántos tributos se enviaron al Laberinto cada vez?
   d) Siete muchachos y siete doncellas

Actividad 3: Ejercicio de apertura y cierre
En cada frase, rodea con un círculo la respuesta correcta.
1. Perseo era hijo de *Zeus/Poseidón* y de la princesa mortal Dánae.
2. Cuando Dánae y Perseo llegaron a Serifos, **Polidectes/Dictis** los acogió en su casa.
3. **Poseidón/Atenea** maldijo a Medusa por tener un pelo de serpiente que convertía en piedra a quien la miraba.
4. Para ayudarle en su búsqueda, Atenea y *Hermes/Afrodita* y Zeus dieron a Perseo *flechas envenenadas, un garrote y un hilo de oro/un escudo de espejos, sandalias aladas y el yelmo de las tinieblas.*
5. Andrómeda, hija de *Cefeo/Fineo* y Casiopea, era la princesa de **Argos/Etiopía**.
6. Tras derrotar a Polidectes, Perseo, Andrómeda y Dánae partieron de Serifos hacia *Argos/Larissa*.

Actividad 4: Cronología
Numera los doce trabajos de Heracles en el orden correcto.
(06) Matar a las aves de Estínfalo
(03) Capturar la cierva de Artemisa
(09) Recuperar el Cinturón de Hipólita
(01) Matar y despellejar al León de Nemea
(11) Roba tres manzanas de oro del jardín de las Hespérides
(12) Trae vivo a Cerbero al reino de los mortales
(02) Matar a la Hidra de Lerna

(05) Limpiar los establos de Augías
(10) Trae el ganado de Gerión
(07) Capturar al toro cretense
(04) Capturar vivo al Jabalí de Erimanto
(08) Robar las yeguas de Diomedes

Actividad 5: Ejercicio de rellenar los espacios en blanco

Rellena los espacios en blanco con la respuesta correcta del cuadro siguiente.

1. El Oráculo advirtió a Pelias que tuviera cuidado con el **hombre de una sola sandalia**.
2. La constelación zodiacal de **Aries** se basa en el carnero dorado que salvó a los gemelos Frixo y Hele de ser sacrificados por su madrastra.
3. El barco en el que viajaban Jasón y su tripulación se llamaba **Argo** y, por esta razón, se les conocía como los **Argonautas**.
4. El amante de Heracles, **Hilas**, fue raptado por las Náyades.
5. Jasón atravesó las **Simplégades** soltando primero una paloma. Tras ver lo rápido que chocaban, supo a qué velocidad remar.
6. **Eetes** era el rey de Cólquida. Tuvo tres hijos: **Calcíope**, **Medea** y **Absirto**.
7. Para ayudar a Jasón a robar el vellocino de oro, Medea durmió al **dragón**.
8. Orfeo salvó a la tripulación de una muerte segura a manos de **las sirenas** tocando su lira y cantando.
9. El **Talos** era un gigantesco autómata de bronce creado por Hefesto y regalado a Minos para proteger su isla de piratas e invasores.
10. Cuando Jasón traicionó a Medea para casarse con Creúsa, Medea se vengó maldiciendo un **manto** y una **corona** que habían sido entregados a la pareja como regalos de boda.

Actividad 6: Árbol genealógico

Rellena el siguiente árbol genealógico con los nombres de los miembros de la Casa de Atreo.

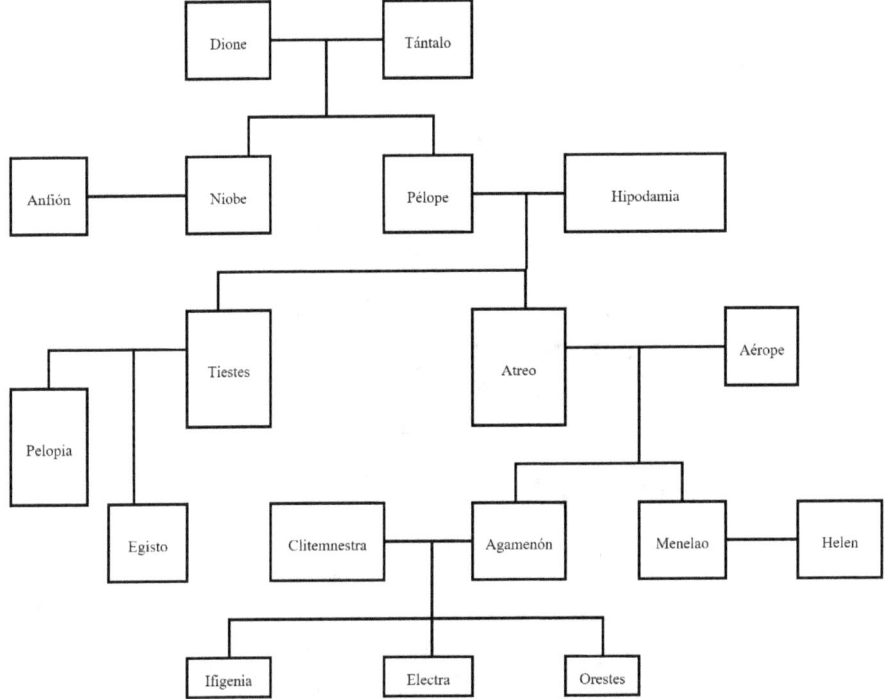

Vea más libros escritos por Enthralling History

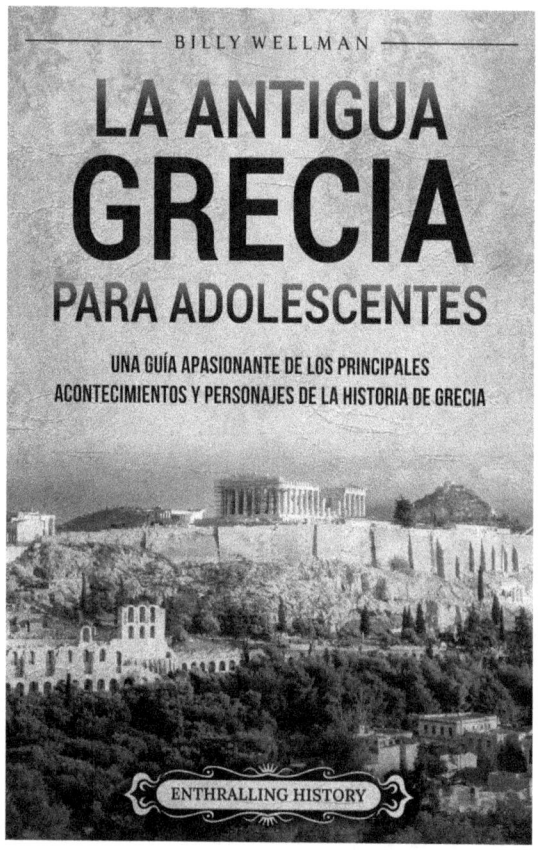

Referencias

Bulfinch, Thomas. 1867. *La mitología de Bulfinch.* 2013. Nueva York: Barnes and Noble Books.

Fry, Stephen. 2017. *Mythos: Los mitos griegos reimaginados.* San Francisco: Chronicles Book.

Hamilton, Edith. 1942. *Mitología.* 2012. Boston: Little, Brown and Company.

Illes, Judika. 2009. *Enciclopedia de los espíritus: The Ultimate Guide to the Magic of Fairies, Genies, Demons, Ghosts, Gods & Goddesses.* Nueva York: Harper One.

John, Judith, Christopher McNab y K.E Sullivan. 2013. "Griego clásico". En *Mitos y leyendas*, editado por Jake Jackson, 191-266. Nueva York: Flame Tree Publishing.

Roman, Luke, y Monica Roman. 2010. *Enciclopedia de mitología griega y romana.* Nueva York: Facts on File.

Fuentes de imágenes

1. https://commons.wikimedia.org/wiki/File:Cronos_and_Rea_by_Karl_Friedrich_Schinkel.jpg
2. Marie-Lan Nguyen / Wikimedia Commons; Attribution 2.5 Generic, CC BY 2.5 <https://creativecommons.org/licenses/by/2.5/deed.en>, https://commons.wikimedia.org/wiki/File:Tondo_Minotaur_London_E4_MAN.jpg
3. Sin restricciones; https://commons.wikimedia.org/wiki/File:The_golden_fleece_and_the_heroes_who_lived_before_Achilles_(1921)_(14786798643).jpg
4. Zde, CC BY-SA 4.0 <https://creativecommons.org/licenses/by-sa/4.0>, vía Wikimedia Commons; https://commons.wikimedia.org/wiki/File:Black_figure_plate,_Lydos,_Theseus_and_Minotaur,_ACMA,_190737.jpg
5. Debra Heaphy, CC BY-SA 3.0 <https://creativecommons.org/licenses/by-sa/3.0>, vía Wikimedia Commons; https://commons.wikimedia.org/wiki/File:Medusa_by_Bernini.jpg
6. https://commons.wikimedia.org/wiki/File:Perseus_med_Medusahuvudet.jpg
7. https://commons.wikimedia.org/wiki/File:Sebastiano_Ricci_-_Perseus_Confronting_Phineus_with_the_Head_of_Medusa_-_86.PA.591_-_J._Paul_Getty_Museum.jpg
8. Museo Metropolitano de Arte, CC0, vía Wikimedia Commons; https://commons.wikimedia.org/wiki/File:Hercules_and_the_Nemean_Lion_MET_DT8927.jpg
9. Galería Nacional de Arte, CC0, vía Wikimedia Commons https://commons.wikimedia.org/wiki/File:Battista_Angolo_del_Moro,_Hercules_and_the_Hydra,_1552,_NGA_79163.jpg

10 Giambologna, CC0, vía Wikimedia Commons; https://commons.wikimedia.org/wiki/File:Hercules_and_the_Erymanthian_Boar_MET_DP-927-001.jpg

11 https://commons.wikimedia.org/wiki/File:Heracles_Stymphalian_BM_B163.jpg

12 Giambologna, CC0, vía Wikimedia Commons; https://commons.wikimedia.org/wiki/File:Hercules_and_the_Cretan_Bull_MET_91174.jpg

13 Rijksmuseum, CC0, via Wikimedia Commons; https://commons.wikimedia.org/wiki/File:Hercules_hoedt_de_kudde_van_Geryon_Augiae_stabulum_egerit_(titel_op_object)_Herculische_thema%27s_(serietitel),_RP-P-OB-52.353.jpg

14 https://commons.wikimedia.org/wiki/File:Frederic_Leighton_-_The_Garden_of_the_Hesperides.jpg

15 https://commons.wikimedia.org/wiki/File:Lucas_Cranach_d.%C3%84._-_Herkules_und_Atlas_(Herzog_Anton_Ulrich-Museum).jpg

16 https://commons.wikimedia.org/wiki/File:Hercules_Capturing_Cerberus_LACMA_47.31.158.jpg

17 https://commons.wikimedia.org/wiki/File:Pelias_meets_Jasón_MAN_Napoli_Inv111436.jpg

18 https://commons.wikimedia.org/wiki/File:Constantine_Volanakis_Argo.jpg

19 https://commons.wikimedia.org/wiki/File:Waterhouse_Hilas_Nymphs_study.jpg

20 https://commons.wikimedia.org/wiki/File:Simplégades,_illustration_for_The_Heroes.jpg

21 https://commons.wikimedia.org/wiki/File:Medea_an_der_Urne.jpg

22 William Wetmore Story, CC0, vía Wikimedia Commons; https://commons.wikimedia.org/wiki/File:Medea_MET_553.jpg

23 https://commons.wikimedia.org/wiki/File:Pelops.jpg

24 https://commons.wikimedia.org/wiki/File:The_Sacrifice_of_Iphigenia_by_Jan_Havickszoon_Steen.jpg

25 https://commons.wikimedia.org/wiki/File:Murder_of_agamemnon.jpg

26 https://commons.wikimedia.org/wiki/File:Murder_Aegisthus_Louvre_K320.jpg

27 https://commons.wikimedia.org/wiki/File:Orestes_Iphigeneia_Pylades_BM_GR1960.2-1.1.jpg

www.ingramcontent.com/pod-product-compliance
Lightning Source LLC
Chambersburg PA
CBHW072105050526
44107CB00099B/522